學霸作文

建中臺大高材生，教你學測國寫拿A⁺

詹佳鑫 著

目次

作者序 超具體！人手一本《學霸作文》，帶你直奔滿級分……006

輯一 知性題：超高分跳級10招

第1招 翻開題本這樣讀，幫你省時抓重點——引文資料……016

第2招 圖片表格不用怕，變成文字超簡單——圖表判讀……025

第3招 圈圈圓圓圈圈，點對點圈考點的我——精確審題……035

第4招 贊同反對哪一邊？123來告訴你——立場理由……046

第5招 不再空洞！A+學長姐必勝舉例絕招——論據材料……057

第6招 慘了腦霧？「5種論證造句」都給你講——論證邏輯……076

輯二 情意題：超高分跳級10招

第1招　閱卷老師也寫不出來的故事？我可以！——個人材料包 ………… 136

第2招　「我沒fu！」如何培養生活的文學態度？——詩人之心 ………… 148

第3招　翻開題目頁，先默念「5星口訣」——審題立意 ………… 160

第4招　Always Open！眼耳鼻舌毛細孔——感官摹寫 ………… 173

第5招　「顯微鏡作文法」讓閱卷老師看見你——細節刻劃 ………… 186

第7招　切5刀，讓你的知性鑽石閃閃發光——議題分析 ………… 088

第8招　別再尬聊！「3步5試」教你發表高見——意見看法 ………… 099

第9招　庭院深深深幾許？思考魔人高分必看——深化思考 ………… 109

第10招　一秒Bingo！知性題最強「4字訣」——破分例總 ………… 120

輯三 大破解！歷屆考題教你寫

第6招 不只外貌協會，「這3招」讓你更會——人物描寫 …… 196

第7招 作文學霸都不說的高分祕密，真的有點難——意象經營 …… 206

第8招 讓故事發生事故，考試「5大模組」超好用——故事轉折 …… 220

第9招 到底有完沒完？抒情結尾「3祕訣」——妙筆收尾 …… 236

第10招 一秒Bingo！情意題最強「4字訣」——畫說找回 …… 247

113年解題攻略：貼標籤議題、縫隙的聯想 …… 262

112年解題攻略：福爾摩斯與華生、花草樹木的氣味記憶 …… 267

111年解題攻略：樂齡出遊、當我打開課本 …… 271

110年解題攻略：經驗機器、如果我有一座新冰箱 …… 275

特別收錄

- 109年解題攻略：玩物喪志或養志、靜夜情懷 280
- 108年解題攻略：含糖飲料、溫暖的心 284
- 107年解題攻略：記憶測試實驗、季節的感思 289
- 獨家！國文學霸「學測30週讀書計畫表」 295
- 不再後悔⋯上考場前小叮嚀 299

延伸閱讀

- 文學練功不藏私 307

作者序

超具體！人手一本《學霸作文》，帶你直奔滿級分

「作文投資報酬率超低，但又占國文一半成績！」

「一直拿B，有時還C，到底怎樣寫才能跳到A+？」

「閱卷教授怎麼給分？有哪些實用的作文技巧？」

◆按步驟、用方法、舉實例、講白話

在高中教學現場，每年批改上千篇作文的我，非常清楚同學們的作文之痛。平時忙課業、社團、補習，沒時間讀和寫，作文術語好難懂，瞎掰故事又心虛，翻開題目，手握原子筆懸在半空，腦袋一片空白。

作者序 超具體！人手一本《學霸作文》，帶你直奔滿級分

90分鐘內，要寫兩篇作文：一篇「知性的統整判斷」，一篇「情意的感受抒發」，各占25分，共50分。學測作文（國語文寫作能力測驗）是一種「考試」，而考試就會有「評分標準」，藉以檢測基本的寫作能力。其實，所有作文的形式與技巧，都是為了讓思想與情感找到合宜的表達方式。

《學霸作文》是一本簡單好懂的作文書。在書中，我會按步驟、用方法、舉實例、講白話，手把手教你寫作文。作文不是靠感覺，而是憑實力。實力來自平時的訓練與累積。透過《學霸作文》各單元的漸進式學習，你的作文不再虛無縹緲，而能以筆為箭，正中靶心。

以下就同學、老師、家長三面向，分享《學霸作文》的多項亮點與實用功能：

◆ 給同學：作文高分20招

1. **過來人經驗：**

本書統整學測歷屆知性題與情意題考點,將學長姐常見的作文難題,拆解成20個小單元。我會以實際的閱卷經驗與舉例示範,幫助你快速掌握各種作文技巧,減少你瞎忙的時間。

2. **步驟與口訣：**

本書獨家收錄作文精華筆記,每一招以「小步驟」方式呈現,並給你超好用撇步與口訣。**如：轉譬感、主故情聯反、破分例總、畫說找回、心**的練習、顯微鏡作文法、穿越時空的象徵物等,讓你輕鬆上考場。

3. **幫你畫重點：**

《學霸作文》力求講白話、列小標、超好懂,**重要文句標粗體畫線**,解說概念附參考句型,各單元最後再一次重點整理,讓你一書在手,高分

滿級。

◆ 給老師：作文教學好幫手

1・班級團訂：

本書採單元式規劃，易於安排進度，教學好上手。**適用國文課、輔導課、微課程、彈性課程、多元選修、思辨與口語表達等。**書中以多項具體實例、歷屆考題與課本選文來解說概念，清楚好讀，亦方便孩子們自學。

2・操作建議：

因應課堂時數縮減，**本書每單元10分鐘即可閱讀完畢。**少量多餐，教師可再搭配後附的評量延伸教學。本書使用一學期（18週），每週一單元；使用一學年（36週），每兩週一單元，高一到高三皆適用。

3. 評量練習：

每單元皆規劃「重點整理」與「有感進步小練習」，課堂上15分鐘即可完成，作為形成性評量。待孩子們分階段、系統性練好各項招式，可再挑戰完整的長篇作文，學生進步超有感，教師批閱更容易。

◆給家長：作文安心伴讀指南

1. 提早為大考做準備：

國中會考作文不好，高中的學測國寫怎麼辦？《學霸作文》不打高空，而是帶孩子腳踏實地，用具體的讀書計畫表，依照各單元重點，循序漸進練習，高分不漏接。

2. 建立學習的成就感：

作者序 超具體！人手一本《學霸作文》，帶你直奔滿級分

孩子討厭寫作文，看不懂題目怎麼辦？想法很多，但無法用邏輯表達？專注度不足，沒有耐心讀和寫？每年指導近百位孩子寫作文，這些煩惱我都懂。《學霸作文》示範明確、簡單好上手，能逐步幫助孩子們建立作文的信心與成就感。

3・培養未來職涯能力：

AI 新世代，資訊爆炸，如何提升批判性思維、訓練理解與表達能力至為重要。學好作文，未來在大學和職場上，不論判讀資料、闡述意見或撰寫報告，都能游刃有餘，水到渠成。

◆ 學生好評迴響

「不得不說『心的練習』和『顯微鏡作文法』真的超讚，人生第一次

「佳鑫老師！我兩題都拿A＋！您寫的那本《作文憑實力》超好用（即《學霸作文》前身），學弟妹賺到！」

「老師，我想謝謝你考前跟我討論和改作文。從無到有，我學測成績超過自己想像太多了。」

《學霸作文》目標非常明確，就是要快狠準，幫你在學測國寫拿高分。

當年在學測考場埋頭作文的我，完全想不到，現在竟然手執紅筆，埋首一疊又一疊的作文堆。此刻，我想將紅筆還給你，站在同一地點向你揮手喊話：加油！一起憑實力，成為自己的作文學霸！

輯一 知性題

超高分跳級 10 招

第1招

翻開題本這樣讀，幫你省時抓重點
——引文資料

目前學測的國語文寫作能力測驗，是採用「閱讀引導寫作」的形式來命題。第一大題「知性題」的閱讀材料，包含連續文本（文字段落、篇章）與非連續文本（圖表、圖片）。如何在有限的考試時間內，有效閱讀、正確理解引文資料，是下筆前重要的第一步。

學測知性題的「連續文本」，常是針對某議題的說明文字，或是不同觀點的甲、乙二文對讀。目前選擇題的閱讀測驗，也多有跨領域的知性長篇文章。

以下先針對「連續文本」提供幾點閱讀步驟，讓同學們在考場上，能快速掌握此類文章的閱讀方法，平時寫閱測也可練習應用喔！

◆ 五步驟：國寫引文閱讀

1．先讀題目：

考場上的閱讀，要先確定自己的拿分目標。從「文章標題」與「題幹文字」，初步了解引文主題，並清楚自己需要從文章中獲取「哪些訊息」、回答「什麼問題」。

以113年國寫知性題為例，題目卷給了甲、乙兩文，我們先不看文章，而是先看下方要我們回答的「題目」：

說明「標籤」概念使用於人身上的正面與負面作用。

因此，我們就能「點對點」抓緊題目所問，以「正面與負面作用」為放大鏡，回到「標籤議題」的兩段文字中閱讀，找到相關說明，進而精準

2. **畫出主題句：**

閱讀文章時，**要特別關注每個段落的主題句（常出現在每段第一句）**，這些句子通常包含了該段的主要論題或核心思想。

例如，111年國寫知性題，給了兩個文字段落，我們就可以在每段第一句畫底線：

「2007年臺灣的弘道老人福利基金會執行長林依瑩推出『不老騎士』計畫。」

「2012年在丹麥首都哥本哈根則有『樂齡卡打車』運動。」

如此一來，就能清楚知道兩個段落討論的項目，也能方便進行「比較」。

此外，**每段的「最後一句」**也可多留意，往往會是文章的結論所在。

將主題句畫底線，也能幫助我們掌握文章基本結構，快速抓到重點。

3. 抓出關鍵詞：

閱讀文章時，需要從題幹文字的答題要求，針對文章議題，抓出「關鍵詞」或「關鍵句」，寫入答案中，這些詞語通常是重要考點。抓出關鍵詞也能讓我們理解文章的核心內容，提升閱讀效率與準確性。

例如，110年國寫知性題第一小題，你可以從文章中抓出「忘情診所」、「健忘村」、「刪除記憶」三個關鍵詞，再從前後文句快速整理出答案，節省時間。

查看關鍵詞所在的「上下文」，我們也能更快釐清作者的觀點和想法。例如，在討論環保議題的文章中，關鍵詞「碳排放」可能出現在許多地方，但圈出關鍵詞後，從相關的句子和段落間，我們可以了解作者對於碳排放議題的看法，或是可能的解決方案。

4. 圈出連接詞或轉折詞：

注意文章中出現的連接詞或轉折詞，如「因為」、「所以」、「然而」、

「可是」等，它們能幫助理解句子或段落間的邏輯關係。

如下列112年國寫知性題引文，圈出「可是」、「不過」、「所以」、「但是」這四個詞語，更能讓我們聚焦理解華生和福爾摩斯在對話中的疑惑：

「我到南邊去。那裡的麵包店一條麵包賣一便士，北邊卻要兩便士，貴得要命。同樣一條麵包，居然賣兩倍的價格。」

「可是南邊的肉店價格比較貴，不是嗎？」

「嗯，沒錯，不過火腿只貴四分之一，北邊賣十二便士，南邊賣十五便士。」

「所以我們的午餐總支出是十六便士，但是如果你到北邊買，只要十四便士。這算盤打得可真奇怪，華生，你犯了一個錯誤。」

又如113年國寫知性題引文，可圈出「因此」、「因而」，即能快速掌握前後句子之間的「因果關係」：

第 1 招 翻開題本這樣讀，幫你省時抓重點——引文資料

標籤對人的個性意識、自我認同有強烈的影響，⟨因⟩此當人被一種詞語或名稱貼上標籤時，他可能會往標籤所喻示的方向發展。許多企業⟨因⟩⟨而⟩賦予員工職稱正向的標籤，以放大標籤的力量。

5・尋找例證：

尋找文章中具體的證據或材料，有助於理解作者的論點。在選擇題的閱讀材料中，作者舉例的用意也常成為老師們出題的考點。除了國寫，見題幹為：「作者舉出×××之例，主要是為了說明……」關於文章中出現的例證，平時在閱讀過程中，也可一併蒐集分類，收入自己的「國寫材料庫」。如113年國寫知性題引文：甲文針對標籤的「刻板印象」，舉出：稱某個世代為「草莓族」，提到南美洲就想到「這些民族很會踢足球」。

021

乙文針對標籤的「正向力量」，舉出：蘋果（Apple）直營零售店中，為顧客的產品進行故障診斷的工程師，職稱是「Genius（天才）」。星巴克（Starbucks）店員則有「咖啡大師」、「咖啡大使」等名稱，識別，象徵其所擁有的咖啡知識與對其專業服務的肯定。

文中出現「例證」的常見句型如下，同學們閱讀時可多留意：

(1) 研究指出，……
(2) 以○○○為例，……
(3) 據調查，……
(4) 正如○○○所言，……
(5) 這現象顯示，……

透過以上閱讀五步驟，能讓你在有限的考試時間內，穩住軍心，讀懂引文，精準答題！

 **佳鑫老師**
重點整理

- **先讀題目**：確定目標考點，了解文章主題。

- **畫出主題句**：理清文章結構，快速找重點。

- **抓出關鍵詞**：聚焦主旨，提高閱讀準確性。

- **圈出連接詞**：理解句子間的因果邏輯關係。

- **尋找例證**：回應論點，也可蒐集寫作材料。

第1招　引文資料

請閱讀引文後，回答下列問題。

　　標籤在生活中常被用來簡化和分類事物，但當標籤用在人身上時，可能會形成刻板印象，帶來負面影響。例如，稱某一代人為「草莓族」，容易讓人們認為該世代普遍脆弱；提到南美洲，只想到足球高手，卻忽略該民族的多樣性。因此，標籤可能會局限我們對他人的認識，無法看見個體的其他特質。

　　然而，標籤對於人的個性意識和自我認同也能帶來正向影響。當人被賦予正向的標籤時，他們往往會朝標籤所指示的方向發展。例如，蘋果工程師被稱為「天才」，這標籤鼓勵他們學習最新技術來回覆顧客；星巴克店員被稱為「咖啡大師」，代表他們擁有對咖啡的專業知識與服務熱忱。因此，標籤也能激勵人們提升專業能力，增加展現自我價值的機會。

1. 這兩段文字的「主題句」分別為何？請畫底線。
2. 引文提及「標籤」相關概念的關鍵詞有哪些？請圈出來。
3. 引文中的連接詞、轉折詞有哪些？請圈出來。
4. 文中出現哪些例證？這些例證如何回應兩種論點？請簡單說明。

第 2 招 圖片表格不用怕，變成文字超簡單——圖表判讀

第2招 圖片表格不用怕，變成文字超簡單——圖表判讀

根據大考中心公布的「國語文寫作能力測驗說明稿」，在知性的統整判斷能力中，第一項即指出「正確解讀文字或圖表，系統理解、分析歸納，並具體描述說明」。

以下為學測至目前為止，出現過「圖表資料判讀」與「圖片寓意解讀」的相關題目：

1. **圖表資料判讀**：

(1) 107年學測「記憶測試長條圖」：

025

某生根據實驗結果主張「人們比較會記得資訊的儲存位置，而比較不會記得資訊的內容。」請根據上圖，說明某生為何如此主張。

(2) 108年學測「含糖飲料調查長條圖」：

1、國民健康署若欲針對18歲（含）以下的學生進行減糖宣導，請依據圖2具體說明哪一群體（須註明性別）應列為最優先宣導對象？理由為何？

2・**圖片寓意解讀**：

(1) **111年國寫參考試卷卷一「炙艾圖」**：

題幹要求考生仔細觀察圖中的人物，編寫一則故事，內容須包含角色、對白、情節等三要素。此題評量考生觀察圖畫細節、情境想像、敘述故事等「情意感受抒發」的能力。

第 2 招 圖片表格不用怕，變成文字超簡單──圖表判讀

(2) 111年國寫參考試卷卷二「踢人漫畫圖」：

此題評量考生能否揣摩畫中傳達的訊息、解讀圖像文本，說明其中可能的寓意，並闡述自己的「思考與看法」。另自訂題目，題目須與所解讀的寓意相關。

「圖表資料判讀」通常歸類為知性題，但「圖片寓意解讀」則需要仔細閱讀題幹說明，確認答題要求，圈出關鍵字，才能確認下筆是偏向「知性的統整判斷」，還是「情意的感受抒發」。

例如「炙艾圖」要求考生「編寫故事」，「踢人漫畫圖」則強調闡述自己的「思考與看法」。兩題雖然都以「圖片」作為試題材料，但「題目屬性」仍有差異，作答時須多加留意，仔細閱讀題幹說明，才能「精準」回答問題。

◆ 圖表判讀技巧

一般生活中常見的圖表有：長條圖、曲線圖、流程圖、圓餅圖，而目前學測已出現過兩次「長條圖」的考題。以下針對這四項，說明解讀圖表內容的關鍵：

1．**長條圖（比較）**：
(1)長條高度：比較各項目的數值大小，找出差異。
(2)項目單位：確認橫軸和縱軸的數值單位，正確理解數據的意義。
(3)比較關聯性：觀察不同長條間的高低差異，推論各項目的關係。

2．**曲線圖（趨勢）**：
(1)曲線走向：了解數據隨時間或其他量值的變化。
(2)斜率變化：注意曲線的斜率，評估趨勢增長或減緩的速度。

(3)辨別關鍵點：找出曲線上的轉折點或極值，分析背後的原因。

3.**流程圖（順序）**：
(1)流程步驟：按照圖表的箭頭指向，理解各步驟的順序和關聯。
(2)關鍵節點：找出重要的決策點或分支點，了解流程的分歧或轉折。
(3)推斷影響：根據流程走向，推斷不同步驟對最終結果的影響。

4.**圓餅圖（比例）**：
(1)確認占比：觀察圓餅各部分大小，了解每一項在整體中的比例。
(2)重要部分：注意不同區塊的大小差異，關注重要或突出的部分。
(3)百分比標示：具體寫出百分比數字，推論各項目的關聯性。

◆ **四步驟：表格解讀**

1. 確定閱讀目的:
仔細閱讀題目要求,確定你需要從表格中擷取什麼資料來回答問題,將注意力集中在相關的數據上。

2. 檢視表格結構:
閱讀表格前,先觀察整體結構,包括列、行、標題、項目名稱等,理解表格所呈現的訊息類型和組織方式。

3. 閱讀表格內容:
逐行或逐列閱讀表格中的數據,理解其相互關係,同時留意特殊標記或符號,這代表重要訊息或特別狀況。

4. 將圖表文字化:

整合歸納表格訊息，具體寫出「項目名稱」與「數字」（拿高分重點），推斷可能的趨勢或情形，並說明表格所要傳達的內容與意義。

◆ **五步驟：圖片解讀**

1. **六何法看圖：**
先運用「六何法 5W1H」來綜覽圖片，包含 Who（何人）、What（何事）、Where（何地）、When（何時）、Why（為何）、How（如何），藉此觸發思考。

2. **找出主題：**
試想圖片可能要傳達的主題或情境，可從人物的表情、動作以及周圍環境等來推斷。

3. **分析細節**：進一步分析圖片中的「細節」，如大小、長短、遠近等，尤其觀察圖中的「衝突」或「不合理之處」，這些都可能暗示圖片的意涵。

4. **推敲寓意**：根據觀察和分析，連結相關背景知識，思考作者可能想要傳達的訊息，推敲圖片的「背後寓意」。

5. **提出看法**：若題目有要求，需要再根據圖片意涵提出個人看法，則可連結相關「議題」進一步闡述和發揮。

 **佳鑫老師** 重點整理

- **圖表判讀技巧**：解讀長條圖、曲線圖、流程圖和圓餅圖時，需要仔細觀察數據、變化趨勢、步驟順序和比例分配，準確理解圖表訊息。

- **表格解讀四步驟**：確定閱讀目的、檢視表格結構、逐行逐列閱讀內容、將圖表數據文字化並說明意義。

- **圖片解讀五步驟**：運用六何法看圖、找出主題、分析細節、推敲寓意、提出看法，綜合判斷圖片傳達的意涵。

第 2 招　圖表判讀

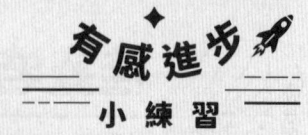

問題一：

　　根據圖一，王同學主張每天攝取 200 公克的豆漿粉，所得到的蛋白質比食用豬、雞、牛肉各一份的蛋白質總量還高。請問他的推論是否適當？請根據圖一數據說明原因。

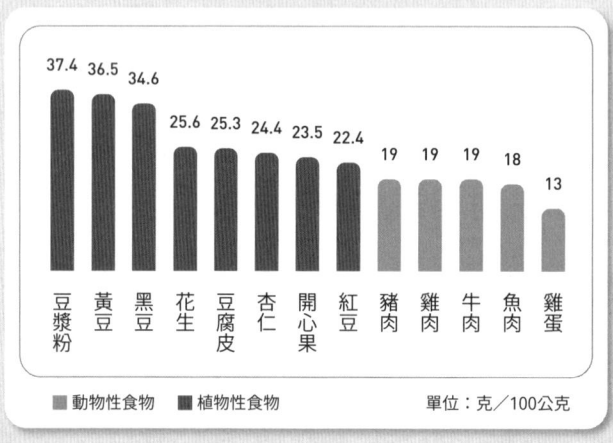

圖一　食物每份（100 公克）所含蛋白質統計

問題二：

　　下圖是一幅漫畫，請揣摩畫中傳達的訊息，解讀其中可能的寓意，並闡述你的看法。請自訂題目，題目須與所解讀的寓意相關。

第3招 圈圈圓圓圈圈，點對點圈考點的我——精確審題

「審題」是寫作文前的重要步驟，包含細讀題目，充分理解「考點」為何，並確定每一小題的題目「類型」。

通常知性題的第一小題，會要求考生「根據文章內容」說明差異、比較原因；第二小題則會進一步根據議題，選擇立場，並發表「個人的意見或看法」。

審題時，需多留意題幹中的「引導說明文字」，掌握寫作方向，才不致離題。同時聚焦考點，避免浪費時間，使文章結構清晰、內容更精確，

符合評分標準,進而提升寫作成績。建議同學們每寫完一段,就再回頭「重看一次題目」,避免離題。

◆ 一分鐘:看懂歷屆國寫題

以下統整107～113年學測的知性題國寫題目,摘錄「問題一」和「問題二」的題幹重點,並說明測驗能力,幫助各位同學快速掌握考點:

年份	問題一	測驗能力
113	「標籤」概念在人身上的正面與負面作用	擷取訊息、各別說明
112	福爾摩斯認為華生犯的兩個「錯誤」	理解訊息、統整歸納
111	臺灣與丹麥樂齡活動的差異與用意	擷取訊息、比較差異
110	「忘情診所」和「健忘村」刪除記憶的劇情差異	擷取訊息、比較差異

第 3 招 圈圈圓圓圈圈，點對點圈考點的我──精確審題

年份	問題二	測驗能力
113	日常生活中的「貼標籤」現象與看法	批判思維、舉例論述
112	福爾摩斯與華生的生活態度及個人選擇傾向	批判思維、舉例論述
111	「樂齡出遊」的意義及長者照顧的需求	生活應用、闡發意義
110	「經驗機器」對人類的影響及個人立場	選擇立場、論述意見
109	玩具對個人成長經驗的影響	選擇立場、說明看法
108	校園禁止含糖飲料的看法與論述	選擇立場、論述意見
107	網際網路對記憶與創造力的影響	批判思維、提出看法

年份		
109	積木誕生的背景因素	歸納訊息、統整解釋
108	減糖宣導對象及理由	分析圖表、說明理由
107	記得資訊儲存位置的主張	分析圖表、解釋主張

◆ 「圈出」考點關鍵字，下筆不慌亂

以下就近三年國寫知性題的題目，具體示範如何「圈出」答題關鍵字，同學們務必養成此一「圈題目」的習慣，才不會漏答失分！

尤其第二小題，許多同學只是眼睛看過去，不小心漏掉其中還有「小問題」。老師改過太多「沒有回答到問題點」的卷子，同學們當然就無法取得該子題的分數，要特別細心留意。

113年

問題（一）：請依據甲、乙二文，說明 ⟨標籤⟩ 概念使用於人身上的 ⟨正面⟩ 與 ⟨負面⟩ 作用。文長限80字以內（至多4行）。（占4分）

問題（二）：日常生活中不乏「貼標籤」或「被貼標籤」的 ⟨實例⟩，請寫一篇短文，⟨舉例說明⟩ 你對標籤現象的 ⟨看法⟩。文長限400字以

第 3 招 圈圈圓圓圈圈圈，點對點圈考點的我──精確審題

112年

問題（一）：根據上文，請說明福爾摩斯認為華生犯了哪兩個「錯誤」？文長限80字以內（至多4行）。（占4分）

問題（二）：從上文對話中約略可以看出福爾摩斯、華生不同的生活態度，請分析二人的差異，並說明你比較傾向哪一種。文長限400字以內（至多19行）。（占21分）

111年

問題（一）：臺灣與丹麥的樂齡活動案例，都有堅定的推動者。請分析上文所述兩件案例，活動內容的關鍵差異是什麼？用意有何不同？文長限80字以內（至多4行）。（占4分）

內（至多19行）。（占21分）

問題（二）：如果要帶長者在臺灣進行樂齡之旅，一定有許多待注意事項。請以「樂齡出遊」為題，寫一篇短文，說明「樂齡出遊」的意義，並思考如何照顧到長者在生理與情感上的需求。文長限400字以內（至多19行）。（占21分）

◆ 「問題一」常見題型與審題方法

1. 擷取訊息：仔細閱讀題目考點，確定要擷取的關鍵訊息，並從材料中找出相關重點。

2. 分析歸納：全面閱讀材料，理解整體內容和主要觀點，再將材料中的訊息進一步整合歸納。

3. 定義問答：先確定題目中需要定義的概念或詞語，再從材料中找到對該概念的解釋或回答。

040

第 3 招 圈圈圓圓圈圈圈，點對點圈考點的我——精確審題

◆「問題二」常見題型與審題方法

1. 說明看法：針對題目表達個人看法，寫出支持的理由，並解釋為什麼你

4. 因果判斷：理解題目中要求判斷的因果關係，並從材料中找出能夠支持因果判斷的事實。

5. 比較差異：找出題目中要求比較的對象或項目，並從材料中擷取訊息，說明兩者之間的差異。

6. 理解背景：仔細閱讀材料，理解事件的起因，並找出與題目相關的背景訊息進一步解釋。

7. 說明理由：確定題目要求說明的理由或依據，並從材料中找出支持該理由的具體例證或數據。

8. 圖表判讀：仔細閱讀圖表內容，理解各項目呈現的數據和訊息，明確寫出圖表數據，具體回答題目所問。

2. 選擇立場：從題目中提供的立場,明確選擇其中一項,解釋選擇的理由與考量,並舉例說明。

3. 論述意見：表達個人意見,提供有力的論據(實例)來強化你的觀點,並透過論證來支持觀點的合理性。

4. 批判思維：分析題目中的立場和觀點,歸納相關論據,再從反面提出不認同的理由或改進的方法。

5. 生活應用：理解題目要求,將理論或觀點融入現實生活情境,說明應用的方式和可能的效果。

6. 闡發意義：先找出題目中的核心概念,再從不同面向多層次闡述,深入解讀其內涵意義。

7. 假設情境：根據題目的假設情境,分析可能的結果,並解釋背後原因。

8. 經驗反思：回顧個人經驗,反思這些經驗如何影響你的觀點或行為,進

第 3 招 圈圈圓圓圈圈，點對點圈考點的我——精確審題

而回扣題目來說明。

近年學測知性題常見的命題方向，包含：科技倫理、社會時事、立場選擇、校園生活等。**同學們平常可多涉獵時事議題、了解議題發生的脈絡（前因後果），設想不同立場的人會用「什麼理由」去說明主張？又有哪些例子能支持觀點？**

審題是「啟動思考」的第一步，將這概念化作行動，融入你的日常生活中，面對時事議題，處處審題，處處都是思考的火花。

佳鑫老師 重點整理

- **審題的重要性**：審題需細讀題目，理解「考點」，確定題目「類型」。注意題目卷上的「引導說明文字」，掌握寫作方向，避免離題。

- **圈出關鍵字的習慣**：圈出關鍵字有助於「對準」答題目標，避免漏答而失分。

- **題型與審題重點**：

  問題一：側重擷取訊息、分析歸納、因果判斷、比較差異。

  問題二：強調說明看法、選擇立場、論述意見、生活應用。

第 3 招　精確審題

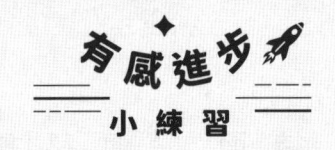

有感進步小練習

　　本單元已就 111~113 年考題示範如何「圈考點」，現在換你就以下國寫考古題的題幹引文，先「圈出」答題關鍵字，再參考本單元「常見題型與審題方法」，構思下筆的方向。

110年 試題引文 QR Code：

問題（一）：依據上文，請說明電影裡的「忘情診所」和「健忘村」，在刪除部分記憶的劇情上有何差異？文長限 80 字以內（至多 4 行）。（占 4 分）

問題（二）：假設「經驗機器」存在並且運作穩定，可以讓人享受虛擬的「幸福人生」，你認為將對人類產生什麼影響？權衡利弊，你會支持開放這樣的機器上市嗎？請闡明自己的意見。文長限 400 字以內（至多 19 行）。（占 21 分）

109年 試題引文 QR Code：

問題（一）：請依據上文，說明積木誕生的背景因素。文長限 80 字以內（至多 4 行）。（占 4 分）

問題（二）：玩具對你而言，較偏向「玩物喪志」或「玩物養志」？請就你的成長經驗，說明你的看法。文長限 400 字以內（至多 19 行）。（占 21 分）

第4招 贊同反對哪一邊？123 來告訴你——立場理由

國寫知性題常見題型之一，是要求考生選擇「立場」，並說明如此選擇的「理由」。這類題目經常呼應當前的國際議題或臺灣社會現象，例如科技倫理、永續環境、社交媒體；也涉及青少年常見議題，如校園霸凌、網路成癮、課業壓力等。

這類題型的評分重點，不在於選了哪一個特定的立場（贊同或反對），而是考生能否就所選立場，有條理地分析問題，並提出理由與論據加以支持觀點。考生需具備批判性思維，從多元角度看待問題，並有效組織和表

第 4 招 贊同反對哪一邊？ 123 來告訴你——立場理由

達自己的意見。

選擇立場只是第一步，更重要的是如何展開論述並說服讀者。在分項寫出「理由」之後，還需要充分的「論據」支持，如寫出數據、案例或專家意見等。

◆ 「理由」與「論據」的區別

「理由」是支持觀點的原因，用來說明「為什麼」你持有某個立場。理由通常是一般或抽象概念的陳述，指出某一立場的正當性或必要性。

「論據」則是用來支持理由的具體「證據」或「例子」，可以是具體數據、研究結果、個人經驗或事件案例等。

◆ 如何「提出理由」？

1・清楚理解題目

了解題目要求，確保作答時不會偏題。例如，如果題目是「課堂中能否使用手機」，我們就要明確針對「手機」來討論，而非其他3C產品；必須針對「課堂中」來做思考，而非其他時間。

2・確定立場

快速確定立場，選擇一個你最有把握、最能發揮的觀點。比如，對於「是否應限制青少年使用社交媒體」，你可以在第一段直接提出「贊成」或「反對」，讓閱卷老師清楚了解你的立場。

3・從不同面向設想理由

試著從不同面向出發，列出支持你立場的可能理由，再篩選出兩到三個最有說服力的。例如「贊成限制社交媒體」，理由可以是：提升學習成績、

第 4 招 贊同反對哪一邊？123 來告訴你──立場理由

4・使用順序連接詞

使用順序連接詞，能讓文章條理井然、連貫且有層次。如「首先」、「再者」、「最後」等，這些詞語能幫助你清楚地引出每項理由。

5・邏輯組織

為展現文章清晰的結構，每個理由說明可以獨立成為一個段落，並按照邏輯順序來排列。例如，先講學習成績，再講比較焦慮，最後談心理健康。各段需有具體例子和細節來支撐每個理由，讓論點更有說服力。

6・預想反駁

寫出可能的反對意見，進一步反駁，讓你的論述正反兼顧，更有深度。例如，「反對限制社交媒體」的人可能會指出，這樣會剝奪青少年的自由，

降低比較焦慮、有助身心健康等，再依這三個面向，分別闡述說明。

而我們可以用「影響身心發展」來反駁。接著可進一步提出「解方」，如訓練青少年「媒體識讀的能力」、「制定瀏覽規範」等，讓論述更周全。

◆ 123口訣：首先、再者、最後

文章開頭，需簡單介紹議題背景、提出明確立場，主體段落則分別闡述每項理由（可從不同「面向」分別切入論述，讓文章更有條理）。請善用「123口訣」：「首先」、「再者」、「最後」這三個序列詞，展現條理井然的寫作思路，並附上相應的例證與說明。結尾則要重申立場，再次強調自己的觀點。

◆ 正反理由：ChatGPT 對學習的影響

以下老師就「ChatGPT 對學習的影響」此項議題，分別就支持與反

第 4 招 贊同反對哪一邊？123 來告訴你——立場理由

對的立場，從三個不同面向，依序提出理由作為示範。同學們也可使用「123 口訣句型」，就身邊的時事議題來練習「提出理由」喔！

◆ **支持立場**

1. **首先，從「教育資源」方面來說**，GPT 能快速提供和整合資源，讓使用者能更專注在篩選、解讀與分析材料。

2. **再者，就「自主學習」角度來看**，GPT 能就個人興趣與專長，協助擬定自主學習計畫表，並提供相關探究資源與執行方法。

3. **最後，以「提問思考」面向而言**，善用 GPT 來輔助學習，透過連續的提問與反思，能逐步聚焦問題，有助於釐清模糊的概念。

◆ **反對立場**

1. 首先，從「學習依賴」方面來說，GPT強大的資料整合功能，可能會導致使用者過度依賴AI技術，減少從錯誤中探索成長的機會。
2. 再者，就「創意表達」角度來看，頻繁使用GPT，可能會阻礙個人的創意思考與多元表達能力，產出單調、樣板化的文章。
3. 最後，以「學術誠信」面向而言，GPT生成的內容未經授權與檢核，直接使用恐引發抄襲疑慮，破壞學術誠信，易成為研究弊端。

◆ 在生活中訓練「提出理由」的能力

1・主動參與討論

課堂討論或與朋友聊天時，積極投入參與，並針對議題，試著主動提出自己的觀點和理由。

第 4 招 贊同反對哪一邊？ 123 來告訴你──立場理由

2・閱讀評論類文章

多閱讀報紙、雜誌和議題網站上的「評論類文章」，分析作者如何提出理由並回應立場。可進一步參考這類文章的寫作方式，練習寫短篇評論。

3・寫日記或隨筆

寫日記或隨筆時，試著對某觀點練習「正反立場思考」。每天為自己擬定一個小問題，寫出兩到三個支持或不支持某立場的理由。

4・觀察新聞討論

收看新聞節目時，注意觀察來賓如何討論問題並提出理由，記下他們的主要論點和相關說明，訓練自己的邏輯思考。

5・觀摩大考中心公布佳作

閱讀大考中心公布的歷屆國寫佳作,分析這些文章如何提出理由、舉例說明,又如何對準考點呈現文章結構。(請見輯三歷屆佳作 QR Code)

佳鑫老師 重點整理

- **理由與論據的區別**：理由是支持某觀點的原因，通常是抽象概念的陳述；論據則是具體的證據或實例，用來支持理由。

- **提出理由的方法**：清楚理解題目、確定立場、從不同面向設想理由、使用順序連接詞、邏輯組織、預想反駁。

- **善用「123口訣」**：首先、再者、最後，展現條理井然的寫作思路。

- **訓練提出理由的能力**：主動參與討論、閱讀評論類文章、寫日記或隨筆、觀察新聞討論、觀摩大考中心公布佳作。

第 4 招　立場理由

　　請就「是否支持開放經驗機器上市」此項議題,參考下列句型,分別從三個不同面向,練習提出支持或反對的「理由」。

試題請見 QR Code：

> 支持立場

首先,從〇〇〇方面來說,……
再者,就〇〇〇角度來看,……
最後,以〇〇〇面向而言,……

> 反對立場

首先,從〇〇〇方面來說,……
再者,就〇〇〇角度來看,……
最後,以〇〇〇面向而言,……

第 5 招

不再空洞！A+ 學長姐必勝舉例絕招——論據材料

想拿A+要舉例！想拿A+要舉例！想拿A+要舉例！（真心吶喊）

「論據」是「論說的證據」，簡單來說，就是「例證」、「例子」。

它能讓抽象的論點具體化，增加說服力，使讀者更容易理解文章。

寫作文時，可針對論點，從「不同面向」來舉例說明。想拿高分，例證要包含「正例」與「反例」，如此更能強化論述，開展文章的深度與廣度。

◆ 論據（例證）的類型

舉凡史實、新聞、名人、數據、經驗，或是名言、定理、文化思想等，皆可成為例證。

例證大致可分為四種：史例、今例、他例、己例

1. 史例：引用歷史上的人物或事件來說明論點。
2. 今例：引用當代事實或新聞事件來說明論點。
3. 他例：引用他人經歷或他國事例來說明論點。
4. 己例：引用自身經歷或臺灣事例來說明論點。

此外，例證還可再各自分為正例、反例：

1. 正例：針對論點，舉出正面的實例。
2. 反例：針對論點，舉出反面的實例。

以「創新」為主題，舉例示範

	史例	今例
正例	達文西在《蒙娜麗莎》畫作中，使用新穎的「暈塗法」技術，創造柔和的光影效果，帶來實驗性的藝術突破。	NVIDIA 輝達執行長黃仁勳與多家汽車製造商如特斯拉、奧迪和豐田合作，以最新 AI 技術開發自動駕駛汽車，掀起新一波科技狂潮。
反例	古希臘陶瓷藝術中，許多陶工一味模仿其他著名陶藝家的風格，缺乏個人獨創性。	在數位相機興起時，柯達仍堅持傳統膠卷底片業務，錯失數位革命機會，最終在 2012 年宣告破產。

◆ 比較看看：哪一段更有說服力？

他例	己例
蘋果不斷研發技術，新款 iPhone 配備的仿生晶片，帶來突破性的運算能力，比前代產品快 40%，吸引消費者預購。	高二參加科技研究社，結合 AI 技術不斷實驗，最後在科學競賽中展出新型居家機器人，獲得評審青睞。
Nokia 過度重視傳統手機功能，因守舊的領導思維，最終被 Android 和 iOS 擊敗，手機業務亦遭微軟收購。	國三寫作文時，不論什麼題目都用愛迪生和阿嬤過世當例子，死背佳句範文，生硬套用，會考成績慘不忍睹。

大考中心公布佳作的「教授評分說明」即知）大部分同學常圍繞著題目兜

在知性題作文中，要成為 A+ 高分群，請一定、一定「要舉例」！（看

第5招 不再空洞！A+學長姐必勝舉例絕招──論據材料

以113年國寫為例，若選擇說明「貼標籤」的「負面影響」，試比較以下兩段文字：

貼標籤會帶來負面影響。當我們給人貼上簡單標籤時，往往會忽視個體的複雜性，這不僅會限制個人發展和潛力，也會導致偏見和歧視，使人們對彼此產生刻板印象。

→只有概念式的論點說明，文字單薄普通。

貼標籤會帶來負面影響，包括簡化人的複雜性、限制其自我發展，並導致偏見和歧視，使人們產生刻板印象。例如，若將外籍移工標籤為「易犯罪的廉價勞工」，可能會忽視他們的實際貢獻、專業技能和守法精神，進而對他們造成不公平待遇。又如，將IG網紅標籤為「只靠顏值賺流量」，可能會忽略他們在圖文創作、商業經營和自媒體管理的才能和努力。

→濃縮論點後，加以「舉例」具體說明（外籍移工、IG網紅），文字更有記憶點與說服力。

◆ 常考議題：教你蒐集例證材料

學測國寫知性題是「議題導向」命題，讀寫合一，不僅需閱讀題幹引文，更要從中提出個人的思考或看法。若要拿A+，「舉例說明」的能力是關鍵。老師都說要舉例，但在有限的準備時間裡，究竟要如何快速蒐集「作文例證」？

蒐集例證之前，我們要先知道有哪些「常考議題」，再根據這些議題去累積相關的寫作材料。

以下推薦同學們三本學長姐好評指定的「閱讀測驗書」，收入的文章十分新穎，亦符合課綱與當代議題趨勢。平時不僅能訓練占分比最高的「閱測」作答能力，同時也能針對目次羅列的各項議題，**在筆記本中累積例證，**

製作成自己的「國寫舉例材料包」,十分好用。

1.《現時動態‥從60組混合題閱讀世界》(龍騰)

本書以「SDGs：2030 聯合國《永續發展目標》」為核心概念,整合成十大主題,精準配置學測試題文本,包含白話文、文言文、文白對讀和非連續文本,知性與情意選文並重。

每主題配有「情境連結與議題反思」小單元,能訓練口語表達與寫作思考的能力。各篇亦能呼應課文與歷屆國寫題,另有跨域資源如書籍、影音等,擴展學習視野,有助於理解當前全球與臺灣在地議題。

十大主題	對應 SDGs 17項議題
1.人文關懷	SDG 1 終結貧窮
	SDG 2 消除飢餓
	SDG 10 減少不平等

2.幸福哲學	3.教育想像	4.性別平等	5.公共衛生	6.理想生活	7.城鄉願景	8.環境保育	9.社會正義
SDG 3 良好健康與福祉	SDG 4 優質教育	SDG 5 性別平權	SDG 6 潔淨水及衛生	SDG 8 尊嚴就業與經濟發展	SDG 11 永續城市與社區	SDG 13 氣候行動	SDG 16 和平正義與有力制度
			SDG 7 可負擔的潔淨能源	SDG 9 產業創新與基礎建設		SDG 14 水下生命	
				SDG 12 負責任的消費與生產		SDG 15 陸域生命	

2・《老師在線上：高中國文考科全範圍混合題》（晟景）

本書以生活六大主題「食、衣、住、行、育、樂」，對應最新十二年國教108課綱「19項議題」來選文，依照PISA閱讀層次議題設計選擇與手寫題型。選文方面，文言、白話、圖表兼具，緊扣大考素養議題趨勢，十分推薦。

每篇閱測後都有文意梳理、寫作手法分析，幫助同學掌握文本重點並連結生活情境。選文後附有開放式提問，親師生可共讀交流，訓練國寫思辨力與取材力。此外，多元探索的 QR Code 十分豐富，如影片、音樂、書籍、文章、電影等，加深加廣學習內容，提供許多新穎的作文素材。

生活6大主題		課綱19項議題
1. 食		
2.	1. 性別平等	
	2. 人權	

10. 多元文化 | SDG 17 夥伴關係

	2.衣	3.住	4.行	5.育	
3.環境	4.海洋	5.科技	6.能源	7.家庭教育	8.原住民族教育	9.品德	10.生命	11.法治	12.資訊	13.安全	14.防災	15.生涯規劃	16.多元文化

3.《閱讀成長蛻變：高一生閱讀指南》(晟景)

本書專為「高一同學」量身訂作，選文難易度與長度銜接國中會考與高中學測，主題規劃配合校園時程，以同學們的「高中生活煩惱」為發想，從高一入學時的人際互動，開始面臨與國中不同的學習壓力，到高一最後的選組選群，都能在書中找到指引與解答。

書中由「人我互動」、「校園學習」、「選群導航」立定三大主題，再細分為15項子議題，貼緊高一同學的日常生活經驗，各類題型周全完備。

若在作文上缺乏例子，本書可直接提供多元且有趣的材料。

6. 樂

17. 閱讀素養

18. 戶外教育

19. 國際教育

主題一 人我互動	主題二 校園學習	主題三 選群導航
搭建友誼橋梁	練就學習方法	生涯評估抉擇
學習溝通接納	激勵學習心態	洞察性格特質
擁抱家的力量	掌握時間管理	前進理想大學
迎向團體生活	釋放學習壓力	未來職場能力
探索性別課題	關注校園安全	實現人生目標

建議同學們，在以上列出的每項議題中，都至少從書裡蒐集「兩個例子」，寫在筆記本上，在考場上遇到相關議題時，才不會空談概念喔！

平時如班上訂閱的「英文雜誌」，也可在自己的國寫筆記本中，記下有趣的時事議題。確實舉例，增加亮點（事例、言例等），不再泛泛而論，自然能提高作文成績。

◆ 邊看邊記：知識型 YouTube 頻道

第 5 招 不再空洞！A+ 學長姐必勝舉例絕招──論據材料

當今知識型 YouTube 頻道興盛，同學們平時也可從影片中蒐集例證材料，如：

分類	YouTube 頻道名稱
知識型頻道	臺灣吧
	數感實驗室
	公視兒少
	志祺七七
	泛科學
	啾啾鞋
	艾爾文

◆ 長知識:「玩手遊」改成「滑議題網站」

另外,也可在電腦或手機存入以下「議題網站」,有空時多閱讀,訓練自己反思議題的能力,同時蒐集寫作例證:

分類	議題網站名稱	
課外閱讀	OPEN BOOK 閱讀誌	
	Readmoo 閱讀最前線	
	博客來 OKAPI	
	聯合文學雜誌	
	迷誠品	
	閱讀人	
	未來少年	

分類	議題網站名稱	
報導評論	報導者	
	獨立評論	
	關鍵評論網	
	轉角國際	
	地球圖輯隊	
	換日線	
	群眾觀點	

分類	議題網站名稱	
社會議題	台灣性別平等教育協會	
	法律白話文運動	
	台灣國際勞工協會	
	荒野保護協會	
	地球公民基金會	
	關鍵議題中心	
	翻轉教育	

分類	議題網站名稱	
學術探究	臺灣女人	
	巷仔口社會學	
	哇塞心理學	
	芭樂人類學	
	哲學哲學雞蛋糕	
	研之有物	
	故事 Story Studio	

佳鑫老師 重點整理

- **論據的重要性**：論據是論說的證據，能讓抽象的論點具體化，增加文章的說服力和可讀性。

- **例證的類型**：包括史例、今例、他例、己例，可再進一步分為正例和反例。

- **高分寫作技巧**：高分作文需要以「具體的實例」來支持論點，如在「貼標籤的負面影響」論述中，加入外籍移工和 IG 網紅的具體例子。

- **例證材料蒐集**：在有限的準備時間內，可從閱讀測驗書、知識型 YouTube 頻道或議題網站，分類蒐集相關例證，製作成自己的「國寫材料包」。

第5招　論據材料

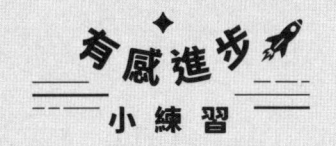

有感進步 小練習

請從下列六項議題中，挑選感興趣的一項，參考本單元提供的「例證材料蒐集資源」（閱讀測驗書、知識型 YouTube 頻道、議題網站等），找出「一個正例」和「一個反例」，並連結議題稍作說明。

1. 歧視議題
2. 長照議題
3. AI 科技議題
4. 個人成長議題
5. 身心健康議題
6. 網際網路議題

・我挑選的議題是：

・我找到的「正例」是：
　　→說明：

・我找到的「反例」是：
　　→說明：

第6招 慘了腦霧？「5種論證造句」都給你講——論證邏輯

「論證」是指運用證據和推論來支持或反駁某一觀點或立場的過程。

在知性題的寫作中，論證通常包含三個要素：

1. **論點**：即作者針對某議題提出的觀點。
2. **論據**：支持論點的事例、人例、言例或數據等。
3. **推論解釋**：將論據與論點聯繫起來的推論過程，解釋論據如何支持、回應論點。

第 6 招 慘了腦霧？「5 種論證造句」都給你講——論證邏輯

◆ 論證的重要性

1. 展現思考力：論證可以展現考生的批判性思維和邏輯組織能力，這是知性題作文的評分關鍵之一。
2. 提升說服力：一篇論證清晰的作文，能使觀點具有說服力，讓閱卷老師更容易理解考生對該議題的看法。
3. 使結構清晰：明確的論點、論據和合乎邏輯的論證過程，能使文章條理分明、脈絡清晰。
4. 拓展深廣度：論證時需輔以有力的論據（如古今事件、科學研究、課文例子等），藉此展現考生的知識深廣度。

◆ 五種論證方法與句型

以下提供五種在作文中常見的「論證方法」，並列舉好上手的簡單句

型,方便同學們造句練習(造句之後,在作文中仍需進一步以「具體例子」加以說明)。

1・因果論證

定義:解釋事件之間的因果關係,指出某一事件是另一事件的結果或原因。

句型1::因為A,所以B。
- 例:因為熬夜沉迷玩手遊,所以他的學習狀況逐漸變差。

句型2::A是B的結果／原因。
- 例:高糖飲食是年輕族群健康狀況惡化的主要原因。

2・對比論證

定義:對照兩種不同的事物,推導出它們之間的差異,使論點更鮮明。

句型1::相比之下,A凸顯……,而B……。

- 例：相比之下，網絡購物凸顯更多選擇和便利性，而實體店購物則提供更直接的產品體驗。

句型2：A與B在⋯⋯有顯著差異。
- 例：紙本書與電子書在攜帶性和搜尋功能上有顯著差異。

3・類比論證

定義：比較兩種相似事物，由其一的已知原理或現象，類推出另外的相似特點，以強化說服力。

句型1：A如同B，都需要C。
- 例：學習如同種樹，都需要長時間的用心投入。

句型2：正如B一樣，A也需依賴C。
- 例：正如聊天機器人一樣，未來個人化學習也需依賴精準的自然語言處理技術。

4‧歸納論證

定義：先舉出一些例子，再歸納這些例子的共同概念，作為文章的中心論點。

- 句型1：從A、B、C的例子中，可以看出D。
- 例：從愛因斯坦、達文西和莫扎特的例子中，可以看出成功需要不懈的努力和堅持。
- 句型2：從A、B、C的經驗中，可知D。
- 例：從戴資穎、王齊麟、林昀儒的經驗中，可知優秀運動員需要的不僅是天賦，還要有嚴格的訓練與自律的生活習慣。

5‧演繹論證

定義：根據一個已經論證的前提，舉出適合的例子，依據前提對這些例子做出判斷，推出結論。

第 6 招 慘了腦霧？「5 種論證造句」都給你講──論證邏輯

句型1：由於A，我們可知道B。
- 例：由於全球化趨勢，我們可知道跨國公司在全球經濟中扮演的關鍵角色。

句型2：基於A，B是可以預見的。
- 例：基於環保政策的推行，再生能源的使用與開發是可以預見的。

◆ **回顧所學：課文「論證」舉例**

在各位學習過的高中課文裡，其實就有許多經典的「論證」範例，老師以表格統整呈現：

一、師說——對比論證

對比論證	正面內容	反面內容	結果
古今對比	・對象：古之聖人 ・行為：猶且從師而問焉	・對象：今之眾人 ・行為：恥學於師	聖益聖，愚益愚
自家對比	・對象：（士大夫）愛其子，擇師而教之 ・行為：	・對象：士大夫自身 ・行為：則恥師焉	小學而大遺
當代對比	・對象：巫醫、樂師、百工之人 ・行為：不恥相師	・對象：士大夫之族 ・行為：曰師、曰弟子云者，則群聚而笑之	師道之不復可知矣

082

二、諫逐客書——類比、對比論證

論證方法	內容說明
類比論證	「是以泰山不讓土壤，故能成其大；河海不擇細流，故能就其深；王者不卻眾庶，故能明其德。」 • **說明**：以自然界中泰山、河海的包容性，類比王者應有容乃大，廣納賢才。
對比論證	「所重者在乎色樂珠玉」 vs. 「所輕者在乎民人也」 • **說明**：秦王重視外國的色樂珠玉，卻輕視六國客卿，李斯藉由「用物」與「用人」的對比，指出此非用來統一天下、制衡諸侯的方法。

三、勸和論——對比論證

段落	論點	內容說明
第二段	正面論述：族群融合的重要	從「共處一隅」的地緣關係和「友、朋」的文字解讀，說明各族群應當視為同體，不應自相殘殺。

對比論證

「是以地無四方，民無異國，四時充美，鬼神降福，此五帝三王之所以無敵也。」vs.「今乃棄黔首以資敵國，卻賓客以業諸侯，使天下之士退而不敢西向，裹足不入秦，此所謂藉寇兵而齎盜糧者也。」

• 說明：五帝三王之所以無敵，在於廣納四方人才；現今秦王雖欲成就帝王霸業，卻堅持逐客政策，與古代先君作法南轅北轍。

| 第三段 | 反面論述：族群對立的弊端 | 批判依據省籍、府籍的區別而形成的族群對立，並以新、艋舺華地區半成廢墟的現象，剖析分類鬥爭的危害。 |

佳鑫老師 重點整理

- **論證三要素**：論點、論據、推論解釋。

- **論證的重要性**：展現思考能力、提升說服力、使結構清晰、拓展文章深廣度。

- **五種論證方法**：因果論證、對比論證、類比論證、歸納論證、演繹論證。

第6招　論證邏輯

有感進步小練習

請以「學習」為大主題，自行聯想相關子議題，參考以下句型提示（擇一即可），用五種論證方法來練習造句。

1. 因果論證
　　句型1：因為A，所以B。
　　句型2：A是B的結果／原因。
　　・造句：

2. 對比論證
　　句型1：相比之下，A凸顯……，而B……。
　　句型2：A與B在……有顯著差異。
　　・造句：

3. 類比論證
　　句型1：A如同B，都需要C。
　　句型2：正如B一樣，A也需依賴C。
　　・造句：

4. 歸納論證
　　句型1：從A、B、C的例子中，可以看出D。
　　句型2：從A、B、C的經驗中，我們可知D。
　　・造句：

5. 演繹論證
　　句型1：由於A，我們可以知道B。
　　句型2：基於A，B是可以預見的。
　　・造句：

第7招 切5刀,讓你的知性鑽石閃閃發光——議題分析

什麼是「議題分析」?有哪些可以切入探討的角度?

以下老師從歷屆學測國寫題中,整理出五種常見的議題分析方法:「探討原因」、「推論目的」、「分類概念」、「比較異同」與「歸納原則」。

為幫助同學們更具體學習,老師也列舉幾個好上手的「作文句型」並造句示範,讓你快速掌握議題分析的方法。

◆ 一、探討原因

分析事件或現象發生的背景，了解形成的原因脈絡。

好用句型：
1. 造成……的主要原因是……
2. 由於……，導致……
3. ……的背後原因，包括……和……

實際舉例：
1. 造成河川汙染的主要原因是工業廢水排放。
2. 由於人們缺乏公德心與環保意識，導致垃圾分類不夠徹底。
3. 青少年熱衷AI科技創作的背後原因，包括探索未知世界的渴望和挑戰自我的成就感。

◆ 二、推論目的

分析行為或政策的背後意圖,及其想要達成的結果。

好用句型：
1. ……的目的是……
2. ……的主要目標,在於……
3. 採取……,是為了……

實際舉例：
1. 減糖飲料宣導的目的是為降低罹病風險,如肥胖和糖尿病。
2. 加強網路安全的主要目標,在於保護個人和企業的資訊與行動隱私。
3. 採取更嚴格的環境法規,是為了保護自然資源與多樣化的生態系統。

◆ 三、分類概念

第 7 招 切 5 刀，讓你的知性鑽石閃閃發光——議題分析

將複雜的事物或現象，根據標準來分類，使讀者理解概念。

好用句型：

1. ……，包括……、……和……
2. 按照……，可分為……
3. ……可以歸類為……

實際舉例：

1. 造成冤案的原因，包括偽造證據、證人不實和執法不公。
2. 按照AI產品發展的不同階段，可分為初期研發測試和後期商業應用。
3. 疫情後的社會福利政策可以歸類為醫療、民生和娛樂補助。

◆ **四、比較異同**

比較事物之間的相似點和不同點，加深對事物的理解。

091

好用句型：

1. 相比於 A，B 更……
2. 雖然 A 和 B 都……，但……
3. A 與 B 相比，兩者在……上有相似之處，在……方面卻有差異

實際舉例：

1. 相比於社會照護機構，家庭照護更有助於聯繫親族間的情感。
2. 雖然紙本書和電子書都能提供閱讀內容，但紙本書更具收藏價值。
3. 電動車與燃油車相比，兩者在運輸功能上有相似之處，在能源使用方面卻有差異。

◆ **五、歸納原則**

透過歸納分析，提出普遍適用的原則，或個人對該議題的看法。

第 7 招 切 5 刀,讓你的知性鑽石閃閃發光——議題分析

好用句型:
1. 綜上所述,……
2. 藉由以上分析,我可得出……
3. 總結來說,……

實際舉例:
1. 綜上所述,樂齡出遊的行程,應從生理與情感的角度加以考量規劃。
2. 藉由以上分析,我們可得出經驗機器在「試誤學習」意義上的不足之處。
3. 總結來說,長照議題需要綜合考量經濟、情感和專業知能等因素。

◆ **以下地雷不要踩!**

分析議題時,常見的「扣分句子」有以下幾點,同學們可檢視自己平

常是否有類似的寫作習慣，必須加以修正。

1. **詞語誤用**
- 錯誤☹：他對這問題的回答一針見血，避重就輕。
- 訂正👍：他的回答一針見血，切中肯綮。
- 錯誤☹：他的計畫非常詳細，錙銖必較。
- 訂正👍：他的計畫非常詳細，面面俱到。

2. **冗言贅字**
- 錯誤☹：我個人認為這是一個非常重要的關鍵因素。
- 訂正👍：我認為此原因至關重要。

第 7 招 切 5 刀，讓你的知性鑽石閃閃發光──議題分析

- 錯誤☹：這是一個不可多得的難得機會。
- 訂正👍：這是一個難得的機會。

3・**空泛口語**
- 錯誤☹：新款 iphone 的攝影功能十分優異，消費者趨之若鶩。
- 訂正👍：新款 iphone 的攝影功能十分優異，消費者趨之若鶩。
- 錯誤☹：這個東西超級棒，大家都超級喜歡的！
- 訂正👍：周杰倫唱作俱佳，才氣縱橫。
- 錯誤☹：你知道吧，那個歌手真的超有才超強的。

4・**邏輯怪異**
- 錯誤☹：我們應該節約用水，因為浪費水資源。
- 訂正👍：我們應該節約用水，因為水資源有限。

- 錯誤☹：雖然他很忙，但他還是沒有完成工作。
- 訂正👍：雖然他不忙，但他還是沒有完成工作。

佳鑫老師 重點整理

- **議題分析方法**：探討原因、推論目的、分類概念、比較異同、歸納原則。

- **勿踩地雷**：詞語誤用、冗言贅字、空泛口語、邏輯怪異。

第 7 招　議題分析

有感進步小練習

1. 請從性別平等、環境保育、資訊安全、多元文化四項議題中，選擇感興趣的一項。（亦可自行選擇其他議題，或老師指定議題）

2. 根據所選議題，上網查找相關新聞時事，寫出該事件名稱或新聞標題。（例如：性別平等→瓊斯盃男女選手同工不同酬，立委砲轟籃協）

3. 請從探討原因、推論目的、分類概念、比較異同、歸納原則五種議題分析方法，選擇其中兩種，參考本單元提供的句型，針對該議題內容，練習造出兩個句子。

_____

_____

_____

_____

第8招 別再尬聊，「3步5試」教你發表高見——意見看法

知性題作文的第二大題，常要求考生針對議題，提出個人的見解或看法。常聽到同學們哀怨：「要怎麼提出看法？我沒看法！我都可以啊！」

以下提供「**基礎三步驟**」和「**五個思考關鍵點**」，具體幫助大家在寫作中能「更快切入」議題思考，進而提出批判或個人意見。

◆ **基礎3步驟**

一、寫出相關見聞

1. 描述細節：寫出細節，讓見聞更具體生動。
2. 情感共鳴：描述見聞時，適時表達情感，讓讀者產生共鳴。
3. 呼應論點：確保所見所聞與論點相關，增強論點的說服力。

好用句型：

- 我會遇過⋯⋯的情況
- 有一次，我看到⋯⋯
- 這件事讓我意識到⋯⋯

二、提出新的觀點

1. 運用創意：運用創意或想像力，提出不同於傳統觀點的想法。
2. 多元視角：從不同角度思考問題，多面向切入，開發新的觀點。

好用句型：

第 8 招 別再尬聊,「3 步 5 試」教你發表高見——意見看法

- 與其這樣看待問題,我們不如……
- 另一種觀點認為……
- 我們可以從另一個角度來看……

三、設想解決方案

1. 分析問題原因:先理解問題的根本原因,才能提出有效的解決方案。
2. 提供具體方案:提出的解決方案應該要具體可行,避免空泛建議。
3. 思考不同角度:在提出解決意見時,可以從不同的面向思考問題。

好用句型:

- 為了解決這個問題,我們可以……
- 可行的解決方案是……
- 我們可以從以下幾個方面思考……

◆ 試試 5 招，讓你高談闊論

一、適用性

例：「貼標籤」現象

- 思考問題點：貼標籤是否適用於描述一個人或事件的本質？
- 提出個人看法：貼標籤常過於簡單而偏頗，無法全面反映個體複雜性。
- 思路舉例：
1. 貼標籤為「壞學生」，可能忽略學生的潛在優點和其他人格特質。
2. 貼標籤為「失敗者」，可能會讓人忽視努力過程和其他成功經驗。
3. 貼標籤為「怪人」，可能加深同儕對他的排斥，難以欣賞其獨特性。

二、衡量代價

例：「刪除記憶」科技

- 思考問題點:「刪除記憶」科技可能會為個人或社會帶來哪些影響?
- 提出個人看法:「刪除記憶」科技雖然能幫助人們擺脫痛苦,但也可能剝奪生命的寶貴經歷或教訓。
- 思路舉例:
1. 刪除創傷記憶,可能無法讓個體從過去經驗中學習和成長。
2. 刪除記憶後,可能會影響現實的人際關係,使情感難以維繫。
3. 刪除記憶的技術若遭濫用,可能會引發倫理問題或社會動盪。

三、比例原則

例:樂齡活動

- 思考問題點:政府在推行樂齡活動時,是否應合理考慮資源分配的比例?
- 提出個人看法:推行樂齡活動時,應根據老年人口的需求和數量合理

分配資源，避免過度集中或不足。

3. 樂齡活動可納入身體健檢等實質服務，而非只是舉辦歌唱大賽。

2. 小型社區的樂齡活動空間不應過大，以免浪費管理資源。

1. 在老年人口密集區域，應設置更多有助於樂齡活動的設施。

- 思路舉例：

四、因果邏輯

例：**AI人工智慧的應用**

- 思考問題點：AI應用的普及是否將導致某些職業消失？
- 提出個人看法：AI應用確實取代一些重複性的工作，但同時也創造新的就業機會和工作模式。
- 思路舉例：

1. AI取代簡單的數據輸入工作，但增加數據背後的人性化分析和營運管

104

理等職位。

2. AI在製造業中能促進自動化生產,但同時也可能需要更多的AI維護人員和技術開發人才。

3. AI可以分析健康數據資料庫,找出潛在的疾病風險,但仍需專業的醫療人員交叉比對後診斷。

五、時間序列

例：新住民議題

- 思考問題點：在不同時間點上,新住民如何適應當地生活環境？
- 提出個人看法：在不同階段,提供新住民需要的社會支持資源,鼓勵參與相關活動以適應生活環境。
- 思路舉例：

1. 新住民初來乍到時,語言和文化差異是主要挑戰。藉由語言學習中心

和文化工作坊的推廣,可讓新住民認識、適應新環境。

2. 再者,新住民家庭服務中心能提供育兒支持,而社區活動中心舉辦的講座活動,能讓新住民與當地居民交流,營造和諧的社區氛圍。

3. 最後,勞動部提供新住民職業訓練課程,透過相關培訓計劃和社交活動,幫助新住民建立在臺灣社會中的角色身分和自我認同。

佳鑫老師 重點整理

- **基礎三步驟**：寫出相關見聞、提出新的觀點、設想解決方案。

- **提出見解的「五大切入思考點」**：適用性、衡量代價、比例原則、因果邏輯、時間序列。

第 8 招　意見看法

有感進步 小練習

一、接續第 7 單元小練習，請就你查找到的新聞時事，依據以下「三步驟」（參考本單元所附句型），練習再寫出三個句子。

　　1. 寫出相關見聞：

　　2. 提出新的觀點：

　　3. 設想解決方案：

二、請就「五大切入思考點」：適用性、衡量代價、比例原則、因果邏輯、時間序列，選擇其中兩項，練習提出個人對該議題的意見或看法。

- 我選擇的兩種思考點是：

- 我對該議題的意見或看法是：

第9招 庭院深深深幾許？思考魔人高分必看——深化思考

在知性題的寫作中,「深化思考」是指從不同角度深入探討問題,並以批判性思維提出個人見解。以下示範五種常見的操作方法與例子,說明如何在知性題中深化思考,進而達到「立意深刻」。

方法一：多角分析

從不同的角度切入主題,進行多面向分析,避免局限單一視角。

題目：科技對人際關係的影響

1. 正面影響：科技使人們更容易保持聯繫，如社群媒體互動或視訊通話。
2. 負面影響：科技可能導致人際互動流於表面，減少面對面的深度交流。
3. 社會角度：科技改變社會的互動方式，形成新的社交模式與價值觀。
4. 心理角度：科技會影響人們的心理健康，例如社群媒體上的比較焦慮。

◆ 方法二：觀點比較

比較不同事物或觀點，發掘其中相似或差異之處，深化對題目的理解。

題目：傳統教育與現代教育的優缺點

1. 傳統教育的優點：強調基礎知識，鞏固學科實力。
2. 現代教育的優點：利用科技提升學習效率，學習資源更豐富。
3. 比較分析：分析傳統教育與現代教育在學習面上的差異，並提出如何

第 9 招 庭院深深深幾許？思考魔人高分必看──深化思考

結合兩者的優勢，更有效幫助學習。

◆ **方法三：提出問題與反駁**

提出可能的反對意見並加以反駁，展現作者的深度思考，使論點更有力。

題目：**是否該限制網路言論自由**

1. 支持言論自由的觀點：說明網路言論自由的重要，保障個人表達權利。
2. 限制言論自由的必要：提出無範圍的言論自由可能帶來的負面影響，如網路霸凌和假新聞氾濫。
3. 反駁意見：針對支持言論自由的意見進行反駁，並說明適度限制言論自由的重要性和可行的方法。

◆ **方法四：設想情境**

創造假設情境，進行推理和分析，深入探討問題的各種可能發展。

題目：**人工智慧的未來**

1. 假設情境一：假設人工智慧能直接取代人類工作，分析該現象對國家經濟和社會結構可能帶來的影響。

2. 假設情境二：假設人工智慧僅限定作為輔助工具，探討人類與人工智慧一起合作的可能及挑戰。

3. 綜合分析：結合兩種情境，提出平衡點，並說明實現此一平衡狀態的方法。

◆ **方法五：結合時事**

第 9 招 庭院深深深幾許？思考魔人高分必看——深化思考

題目：遠距工作對職場的影響

1. 疫情背景：從疫情期間遠距工作的普及現象，探討對公司營運與個人工作效率的影響。

2. 企業實例：某些企業在疫情後仍然保留遠距工作制度，如 Google 和 Facebook。

3. 未來展望：探討遠距工作可能帶來的變化，如職場文化的轉變、工作方式更加多元等。

◆ 「反向思考」與「換位思考」

在以上的五種方法中，「提出問題與反駁」是最能直接深化議題思考的方式。那要如何「提出問題與反駁」呢？我們可以再多加練習「反向思考」

與「換位思考」兩種方法。

同學們可在作文（通常是第三段）直接寫出：「若反向來思考⋯⋯」、「若我們換位思考⋯⋯」這兩種句型，能有效抓住閱卷者目光，展現自己縝密周全的思辨能力。

「反向思考」是指站在相反的立場上，思考反方的理由，以求更全面地理解問題。

例如，在討論「經驗機器」的倫理議題時，若你是站在「不支持經驗機器」的立場，那麼你在第三段就可以反向思考：「為何有些人認為在虛擬世界中追求快樂和滿足是合理的？」進而在此基礎上提出自己的反對意見。

「換位思考」則是從其他個體的角度來看待問題，設想他們的感受和需求，並提出可能的解決方案。

例如，討論照護政策時，可以換位思考，站在需要長照的年長者或殘

第 9 招 庭院深深深幾許？思考廢人高分必看──深化思考

障人士的角度，理解他們對於照護的需求，以及相關政策對他們日常生活的影響。

以下老師針對「反向思考」與「換位思考」，進一步舉例示範寫作思路，同學們更能清楚掌握這兩種「深化思考」的方法。

◆ **反向思考練習**

1. **談成功定義**
   - 反思關鍵詞：失敗、挫折
   - 說明：探討失敗如何轉為成功的催化劑，從挫折中歷練、學習成長，重新定義「成功」的細緻內涵。

2. **談科技創新**
   - 反思關鍵詞：傳統、原則

- 說明：傳統可以是創新的基石，推動科技創新時，我們也應尊重和保護傳統文化，保有原則，不犧牲核心價值。

3. 談人生目標
- 反面關鍵詞：瞬間、眼前
- 說明：人生目標不僅限於遠大的計劃，還包括每個瞬間那細微且珍貴的感受，落花水面皆文章。

◆ **換位思考練習**

1. 課外活動
- 換位關鍵詞：學校行政人員
- 說明：從行政端的角度，考量校方如何安排和管理課外活動，如何與

家長說明溝通，確保學生的安全。

2. **LGBT 婚姻平權**
- 換位關鍵詞：反同人士
- 說明：假設成為保守派宗教領袖，思考同性婚姻對傳統家庭觀念的衝擊，以及如何在尊重宗教信仰的同時，實現社會的多元正義。

3. **教育制度改革**
- 換位關鍵詞：高中生
- 說明：以高中生的角度，檢視教育制度的實施現況，指出學習現場面臨的困難與挑戰，思考如何才能更具體且有效地幫助學生。

佳鑫老師 重點整理

- **深化思考的五種方法**：多角分析、觀點比較、提出問題與反駁、設想情境、結合時事。

- **反向思考**：站在相反的立場上，思考反方的理由，以求更全面地理解問題。

- **換位思考**：從其他個體的角度來看待問題，設想他們的感受和需求，並提出可能的解決方案。

第 9 招　深化思考

有感進步 小練習

接續第 7 與第 8 單元的小練習內容，請就你所寫出的句子或段落，進一步「提出問題與反駁」，練習「深化思考」。

請直接使用以下兩個句型來造句：

1. 若反向來思考……

2. 若我們換位思考……

第10招 一秒 Bingo！知性題最強「4字訣」——破分例總

知性題的第二小題，往往要求考生在有限的字數（大多限400字以內），針對引文議題進行論述，並表達自己的觀點和看法。知性題建議30－35分鐘就要完成，情意題則需更多寫作時間，約55－60分鐘作答完畢。

為幫助同學們具體迎戰知性題，老師觀摩大考中心歷年公布的多篇佳作與教授說明，從中整理出一個「超簡單」的知性題寫作架構。老師將此架構再簡化為實用的四字口訣「破、分、例、總」，幫助同學更快記憶。

為避免文字篇幅比例不均（同學們往往第一段寫太長，中間沒料，最

120

第 10 招 一秒 Bingo！知性題最強「4字訣」——破分例總

後草草收尾或文未終篇），老師將各段的「建議行數3673」也列給大家。同學們在緊張慌亂的考場上，默想這四字訣，就能穩定軍心，快速組織一篇觀點明確、結構清晰的文章。

◆ 四字口訣表：破、分、例、總（3673→建議行數）

第一段：破
1. 我贊同（支持）……or 我不贊同（不支持）…… →「立場選擇」題型，破題請「二擇一」表明自己的觀點，確定全文立場。 2. 我認為……，因為…… →「意見看法」題型，請簡單解釋題目背景後，給出簡短的回答說明，明確表達你的論點。 （3行）

寫法一	
第二段：分	首先……、再者……、最後…… ↓ 簡要說明支持或不支持的理由，請依序使用首先、再者、最後三個順序連接詞，展現思路層次，清楚表達。注意行文不要口語化。 （6行）
第三段：例	舉「一到兩個具體實例」，呼應並說明第二段陳述的理由。 ↓ 支持者：舉出自身經驗、相關事例或其他所見所聞。 ↓ 不支持者：舉出自身經驗、相關事例或其他所見所聞。 （7行）

寫法二		第四段：總
第二段：分＋例	第三段：分＋例	
首先，從⋯⋯角度而言＋具體實例說明（理由1＋實例1）（6行）	再者，以⋯⋯面向來看＋具體實例說明（理由2＋實例2）（7行）	1. 綜上所述，我贊同（支持）⋯⋯ or 我不贊同（不支持）⋯⋯ 2. 總而言之，我主張⋯⋯ → 重申所選立場或論點，再次寫入題目，扣題 → 呼應作結。（3行）

◆ 知性題架構:分段說明

第一段:破題表態

1. 題型一:立場選擇
(1) 直接破題:在文章開頭,直接點出問題核心,並明確選擇「一個立場」,迅速吸引閱卷老師注意。
(2) 說明:如果題目問你是否贊同「科技在教育上的應用」,你開頭就直接明確寫出立場:「我贊同科技應用能對教育發揮正向的影響。」

2. 題型二:意見看法
(1) 扼要解釋題意:簡要說明題目涉及的問題或引文的重點內容。
(2) 明確表達觀點:用「我認為/我主張……,因為……」的句型來陳述你的看法和理由。(避免使用口語化「我覺得」)
(3) 說明:假設題目要討論「科技對教育的影響」,你可以這樣開頭:「我

第 10 招 一秒 Bingo！知性題最強「4字訣」──破分例總

★ 第一段參考句型

1. 我贊同／不贊同⋯⋯，因為⋯⋯
2. 我認為⋯⋯，因為⋯⋯
3. 此項議題的關鍵在於⋯⋯

「認為科技對教育的影響利大於弊，因科技能幫助提升學習效率，並提供更多樣有趣的學習資源。」

> 第二段：分述理由

1. 條理分明：
   (1) 順序連接詞：在說明理由時，使用「首先、再者、最後」三個連接詞，可讓思路層次更加分明。
   (2) 依序切入：可從「不同角度」切入議題討論，或直接就題目的「關鍵字與考點要求」，分項展開論述。

(3) 說明：假設題目問你是否贊同「科技在教育上的應用」，你可以從「學習效率、學習資源、教育落差」三個角度，依序說明贊同的理由：

- 「**首先，從學習效率方面來說**，運用科技能幫助學生節省時間，提升學習效率與自信。」
- 「**再者，就學習資源角度來看**，AI 或多媒體教學資源能活絡課堂氣氛，使教材變得生動有趣。」
- 「**最後，以教育落差面向而言**，善用科技能縮小教育資源落差，偏鄉學生也能獲得最新資訊與豐富內容。」

★ **第二段參考句型**

1. 首先，從……方面來說，……
2. 再者，就……角度來看，……
3. 最後，以……面向而言，……

第10招 一秒 Bingo！知性題最強「4字訣」——破分例總

第三段：舉例說明

1. 實際舉例（A+關鍵）：
   (1) 具體例子：選擇「一到兩個具體實例」來支持前面的論點與理由。這些例子可以是新聞時事、歷史事件或個人經歷。
   (2) 說明：
   - 「例如，在新冠疫情期間，許多學校轉向線上教學。有些學生因善用科技，學習時間管理，進而提升自主學習能力。」
   - 「此外，一些偏鄉學生透過科技媒介，如線上平台、電子書、教學影片等，也能獲得更多學習資源。」

2. 反面思考：
   (1) 補述另一方觀點：在第三段最後，可用一到兩句話補述反方觀點，再予以駁斥，以此強化你的立場。如此能讓論述更加全面，展現你對議題的深刻見解。

127

(2) 說明：

・「**從反面進一步思考，雖然**有些人認爲科技發展會讓學生過度依賴 AI 或電子產品，減少面對面的深度交流；**但我認為**，這些問題可透過合理的課程規範來解決，並不會抹去科技對教育的正面影響。」

★ 第三段參考句型

1. 舉例來說，……
2. 例如，在……的情況下……
3. 從反面進一步思考，雖然……但我認爲……

→ 此句型能簡要陳述另一方思考，再以「但我認為」來攻破，強化自身觀點，是拿 A+ 的訣竅。但請注意，若是「立場二擇一」的題型，你的立場要全文前後一致，不可因此搖擺不定。

第四段：總結全文

1. 收束全篇：
- 「綜上所述」、「總而言之」：開頭表明此為結論段落，收束全文。

2. 扣題呼應：
- 重申立場：重申文章的核心觀點，再次寫入「題目關鍵字」，精準扣題，讓結論更有力。

★第四段參考句型

1. 綜上所述，……
2. 總而言之，我認為……

以上的段落架構分析，是近幾年常見的知性題解法，能有效且具體幫助同學建立「考試型作文」的基本輪廓，提升答題速度。

但是，也務必請同學們記住：「題目最大。」在下筆之前，需仔細閱讀題幹和引文，確認題型：這題是考「立場選擇」、「利弊分析」、「價

值思辨」還是「問題解決方案」?

提醒同學們,要「點對點」、「圈出」答題關鍵字,確保「每個小問題」都能精準且具體回答到,才不會因漏答而遺憾失分喔!

佳鑫老師 重點整理

知性題四字訣：破分例總（3673）

- **第一段：破題表態**

    1. **立場選擇**：文章開頭直接點出問題核心，明確選擇一個立場。

    2. **意見看法**：簡要說明題目內容或引文主題，並明確表達你的觀點。

- **第二段：分述理由**

    1. **層次清楚**：使用「首先、再者、最後」連接詞，讓文章層次更分明。

    2. **分項角度**：根據題目或考點要求，從不同角度分項切入議題討論。

- **第三段：舉例說明**

  1. 舉出實例：寫出一到兩個具體實例來支持前述論點與理由。

  2. 反面思考：陳述另一方觀點後予以駁斥，進一步強調你的立場。

- **第四段：總結全文**

  1. 總結全文：以「綜上所述」、「總而言之」開頭，收束全文。

  2. 重申立場：重申文章核心觀點，再次寫入「題目關鍵字」，精準扣題。

第 10 招　破分例總

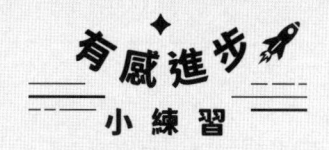

有感進步　小練習

　　請就本單元的「知性題寫作架構表」，參考表中引導與句型提示，寫出 113 年國寫知性題「第二小題」的各段綱要。

　　問題（二）：日常生活中不乏「貼標籤」或「被貼標籤」的實例，請寫一篇短文，舉例說明你對標籤現象的看法。文長限 400 字以內（至多 19 行）。（占 21 分）

　　試題請見 QR Code：

　　第一段（破）：

　　第二段（分）：

　　第三段（例）：

　　第四段（總）：

輯二 情意題

超高分跳級 10 招

第1招

閱卷老師也寫不出來的故事？我可以！——個人材料包

為何老師將「蒐集個人故事材料」放在情意題的第一招呢？每年批閱上千篇作文，我發現同學們最大的弱點不是「審題」、不是「立意」，而是「缺乏材料」！

在文字叢林中撥開許多蘇東坡、愛迪生、陳樹菊之後（還有誤寫成林樹菊、黃樹菊者），「你」的故事在哪裡？（我好想看啊！）

真誠書寫個人故事，能讓讀者走進作者的生活經歷和內在世界，引發心靈的「同情共感」，進而賦予文章獨特的生命力。

第 1 招 閱卷老師也寫不出來的故事？我可以！──個人材料包

只是，平常功課考試這麼多，生活單調，我們到底要怎麼檢視自己的生命經驗、蒐集個人的故事材料？在緊迫逼人的考場上，根本沒有閒情逸致細細尋思、娓娓訴說優美的故事，來不及了，我想不到，手都在冒汗怎麼辦？

別擔心，學測戰士「上考場」，必須先聚焦目標，完成題目要求，穩穩拿分。**老師從歷屆學測出過的作文題目中，幫各位統整出「五大常考主題」，並再細分成幾項引導說明。**

同學們可依照下列各主題具體的引導，將自己從小到大的相關生命經驗、故事或實例填入表格中，先寫成 200－300 字左右的篇幅備用，製作成「自己」獨特的「國寫材料包」。（小叮嚀：別再寫會考失利或段考挫敗的例子，太過普通。相信我，你口袋裡還有很多獨特的故事還沒說！）

◆ 超快速：從「五大主題」找個人材料

常考主題	「我」的材料包	
	實例一	實例二
自我歷程		
審美體驗		
人際互動		
立場轉換		
社會參與		

1. **自我歷程**

(1) **困難與挑戰**：回想你的成長過程中，曾面對過什麼困難？這些挑戰如何影響你的生活和思考方式？

第1招 閱卷老師也寫不出來的故事？我可以！——個人材料包

2.審美體驗

(1) 大自然的感動：在大自然的美景中，你是否有過特別的體驗和感悟？這過程讓你產生什麼情緒或感動？

(2) 文學的啟發：有沒有特別的書籍或文學作品觸動了你？這部作品帶給你什麼啟發？

(2) 夢想與目標：你在高中階段設定哪些夢想和目標？為了實現它們，你做了哪些具體的努力和準備？

(3) 個性與人格：你如何認識自己的個性？有哪一個物品，或哪一件事，最能凸顯你的人格特質？

(4) 價值觀的形成：有哪些價值觀在這段時間內影響你？它們是從哪裡來的？如何影響你的選擇和行為？

(5) 成長的關鍵事件：我的強項是什麼？我的弱點又是什麼？回顧你高中生活的重要事件，思考它們如何改變你的思維或人生方向？

(3) 電影或戲劇：是否有某部電影或戲劇作品，令你難以忘懷，影響你的思想或審美觀？

(4) 音樂的影響：音樂對你的生活有什麼影響？是否有特別的音樂作品讓你留下深刻印象？

(5) 藝術創作體驗：你是否參與過不同類型的藝術創作？這些創作如何啟發你的想法和創造力？

3・人際互動

(1) 友情的重要性：你和朋友之間的互動模式為何？有沒有特別深刻的友誼故事？

(2) 親子關係變化：隨著時間流逝，你和父母的關係如何變化？這些變化帶給你什麼感受和思考？

(3) 師生互動：你和老師之間的互動關係為何？他們對你的學習和成長有

4・立場轉換

(1) 角色互換：在某事件中角色對調後，你體悟到什麼？這些經驗如何提升你對他人的理解？

(2) 換位思考：在生活中，你如何進行換位思考？這種思考方式如何幫助你解決問題或改善關係？

(3) 文化多樣性：你如何學習尊重和理解不同文化的價值觀？這種胸懷對你的世界觀有何影響？

(4) 衝突解決：面對衝突時，你如何從對方的角度來看待問題？這樣的立

5・社會參與

(1) **志工服務**：你參與過哪些志工服務？這些經歷如何影響你的價值觀和社會關懷？

(2) **公民議題**：你關心什麼時事議題？你用什麼方式參與社會活動？這些經驗對你的公民意識有何影響？

(3) **公益活動**：你參與過哪些公益活動？你如何看待公益活動對社會的影響？未來是否有什麼相關計劃？

(4) **跨文化交流**：你是否有過跨文化的交流經驗？這些活動如何拓展你的關懷和視野？

(5) **創新思維**：你如何在生活和學習中展現開放的思維和多樣化的觀點？這些觀點如何幫助你面對或解決問題？

場轉換如何幫你尋找共識和解決衝突？

(5)環保行動：你對環境保護有什麼關注和行動？這些行動帶給你什麼樣的思考與啟發？

◆ 取材心態：鑽石就在你身邊

「取材心態」是指抱持著開放、好奇和敏銳的心，「主動」從生活周遭觀察並記錄靈感的能力。

當我們發現自己在寫作中常找不到素材，那麼平時培養「取材心態」就非常重要。以下提供五種方法，幫助同學們在日常生活中養成積極的「取材心態」。

1・**保持開放心胸**

(1)遊走並觀察：不限於特定主題或領域，例如，在城市中觀察各種建築

143

風格,在不同季節觀察蓮花池的變化等。

(2) 聆聽不同觀點:即使別人的生活故事與你不同,你也能試著在交流中找到共通點或新的作文靈感。

2.經常記錄

(1) 筆記本:攜帶筆記本或用手機隨時記錄下來,例如路上看到的有趣廣告或突發奇想的 idea。

(2) 每日反思:就寢前,花 10 分鐘回顧你的一天,記錄你的感受和觀察。

3.培養好奇心

(1) 多提問:經常問自己問題,例如:「這件事背後可能還有什麼其他故事?」

(2) 多看多聽多想:藉由閱讀、聽音樂、看電影來擴展你的作文素材。

144

第 1 招 閱卷老師也寫不出來的故事？我可以！──個人材料包

4.尋找連結

(1) 人與自然：將自然美景與人的情感連結起來，尋覓作文靈感。

(2) 跨領域聯想：將音樂、繪畫藝術和寫作相互結合，激盪自己在不同領域上的創作靈感。

5.參與交流活動

(1) 報名活動：例如學校競賽、藝術展覽或社區志工，這些都可能為你帶來新的故事材料。

(2) 與人交流：與來自不同文化背景的人交流，從他們的故事和觀點中，可能會發現有趣的作文素材。

145

佳鑫老師 重點整理

- **從「五大主題」找材料**：自我歷程、審美體驗、人際互動、立場轉換、社會參與。

- **培養「取材心態」的五種方法**：保持開放心胸、經常記錄、培養好奇心、尋找連結、參與交流活動。

第 1 招　個人材料包

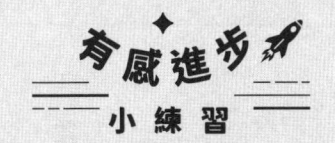

有感進步 小練習

請就下表列出的情意題「五種常考主題」，各自蒐集填入兩個實例（相關個人經驗或故事），再依本書後續情意題各單元的寫作技巧，將個人實例寫成 200-300 字左右的篇幅備用。

常考主題	「我」的材料包	
	實例一	實例二
自我歷程		
審美體驗		
人際互動		
立場轉換		
社會參與		

第2招 「我沒fu！」如何培養生活的文學態度？——詩人之心

情意題的寫作重視情感的自然流露，在第一章的蒐集材料之後，我們要來好好問自己：在這些故事中，我的內心發生了什麼事？我真實的情緒是什麼？我寫下來的情感，真的是「我」所感受到的嗎？

在繁忙的讀書生活中，這些細微感受往往都被無聲吞沒了。

因此，在寫作之前，老師希望先跟大家一起練習，如何認識和接納自己的情緒，才能進一步在作文中自然表達真實的情感。

第 2 招 「我沒 fu！」如何培養生活的文學態度？——詩人之心

◆ 抒情第一步：認識自己的情緒

步驟一：自我覺察

1. 專注當下：閉上眼睛，放鬆肩膀，專注於當下，試著讓自己靜心覺察。
2. 觀察身體反應：注意自己的呼吸、心跳，以及其他身體反應。

步驟二：辨識情緒

1. 情緒命名：試著識別情緒，例如「我感到有些失落」、「我現在很憂傷」。
2. 確認強度：評估這些情緒的強度，1 到 10 分，大約落在哪裡。

步驟三：接納不批判

1. 不批判自己：當你感受到情緒時，不要否定自己的情緒，接受這是正常的。

2. 允許情緒存在：告訴自己，允許這些情緒存在，不需要馬上改變。
3. 反思原因：靜靜觀察情緒的變化，感受它們從何而來，又如何離開。
4. 記錄觀察：將觀察到的情緒變化記錄下來，檢視情緒起伏的過程。

同學們可能會覺得奇怪，寫作文跟這些有什麼關係？其實，透過以上三步驟，我們能學習如何與情緒共處，在感受、覺察與反思的過程中，也是「認識自我」的工夫。

這是情意題的核心，也是大考中心在評量標準公布的「表達真實情感」。聽來抽象，但平時若多練習、多跟自己的心靈對話，相信在寫作時也能自然地真情流露不矯飾，進而打動人心。

◆ **生活的文學態度**

第 2 招「我沒 fu！」如何培養生活的文學態度？──詩人之心

在寫情意題作文時，許多同學常會有呆板乾澀、過多說明概念的文句，這不僅會破壞抒情文的氛圍，也會讓讀者感到空洞乏味。

我們都會在國文課上學過譬喻和轉化修辭，但這些修辭技巧，不應只用來考試，也不只是稿紙上被畫紅色捲捲線的佳句。**我們可以練習「內化」這些修辭技巧，讓它們成為日常生活的一部分，培養生活的「文學態度」，如此在寫作時才能自然運用，讓文章充滿生命力。**

◆ 詩人之心：對萬物有情

老師以前讀石牌國中時，有次準備上台領獎。我記得那日早晨，興奮雀躍，藍天如洗，右手邊一棵大樹的枝葉隨風搖曳。我蹲在司令台後方隊伍中，抬頭看那樹梢，一片片綠葉在陽光下翻飛閃爍，「像一顆顆發亮的綠寶石鑲在枝頭，對我眨眼睛」。

是的，「像一顆顆發亮的綠寶石鑲在枝頭，對我眨眼睛」這一句，就

151

是我當下靈光一閃的文學感受。或許文句描寫仍不太精準，卻是最切身的美感經驗。**那時也沒有為了作文或考試，硬要造一個譬喻和擬人的加分句子，但它就在那和煦的微風中、在那樣美好準備領獎的情境裡，如此自然而然，從我心中冒出來。**

老師也想跟各位同學們分享這樣善感的「詩人之心」。讓生活不再是制式膚淺的奔波，而有另一種美麗深邃的眼光，看見萬物有情。**詩人就是有情人。**

那麼，要如何對萬物有情？「我沒感覺！沒 fu！」常聽見同學們面對稿紙，唉聲嘆氣。**若談及具體的操作方法，其實，我們可以再回到大家較熟悉的「修辭」來練習：譬喻和轉化。**

◆ 如何「譬喻」？

第 2 招 「我沒 fu！」如何培養生活的文學態度？——詩人之心

譬喻是將某物比作另一物的寫作手法，可讓你的文句變得更加生動。我們要如何寫出譬喻的句子呢？以下拆解成四步驟：

步驟一：確定描述的對象（本體）

這個對象可以是人、事、物、景象或感覺。

步驟二：找出「相似點」

尋找這個對象與其他事物的相似點，讓讀者更易理解。

步驟三：選擇比喻的事物（喻體）

選擇一個能夠凸顯該相似點的事物。

步驟四：照樣造句

以「……好像……」、「……彷彿……」等句型照樣造句，並稍作說明，讓句子自然流暢。

◆ **舉例示範**

153

1. 選擇對象：畢業的心情
2. 找出相似點：輕盈、快樂
3. 選擇比喻的事物：操場上的蜻蜓
4. 照樣造句：畢業典禮當天，我的心情像操場上的蜻蜓，在陽光下快樂飛翔，輕盈自在。

1. 描述對象：陽台舊欄杆
2. 找出相似點：生鏽、咖啡色、脆化
3. 選擇比喻的事物：咖啡蛋捲
4. 照樣造句：傍晚經過小巷的老公寓，抬頭一望，陽台舊欄杆像一根根剛出爐的咖啡蛋捲。

◆ 如何「擬人」？

第 2 招 「我沒 fu！」如何培養生活的文學態度？——詩人之心

擬人是轉化的一種，將非人的事物，投射人的情感，賦予人的特徵或行為，使文句更加活潑有趣。以下為擬人法拆解三步驟：

步驟一：確定要描述的對象

對象可以是動物、植物、自然現象或無生命的事物。

步驟二：賦予人的特徵或行為

賦予這對象一些人的特徵或行為動作。

步驟三：運用「人的動詞」造句

將以上元素結合，運用人的動詞造出完整句子。

◆ 舉例示範

1. 選擇對象：河流
2. 賦予人的特徵或行為：歌唱、嬉戲、奔向

3. 運用「人的動詞」造句：河流唱著歡快的歌，沿著山谷跳舞嬉戲，奔向遠方大海。

1. 選擇對象：秋天
2. 賦予人的特徵或行為：穿上、漫步、撫摸
3. 運用「人的動詞」造句：秋天穿上了金色外衣，漫步在田野稻穗間，撫摸豐收的喜悅。

其實，「情感抒發」是人類自然的本能，但因我們不相信自己，才會想在作文裡塞入許多偉人或佳句。看似聲勢浩大，其實毫無感情。

「詩人之心」就是與世間萬物「同情共感」的心。我們必須先真實感受和接納自己的情緒，才能在寫作中自然表達情感。

所謂「修辭立其誠」，就細部的寫作技巧來說，有了真實的情感基礎，

第 2 招 「我沒 fu！」如何培養生活的文學態度？——詩人之心

在生活中再多練習「譬喻」和「擬人」（作為一種具體的學習方法），能幫助自己時常帶入「文學情境」，與萬物連結對話，進而培養柔軟善感的心。

若進一步來說，最好的修辭是渾然天成、游刃有餘，不見斧鑿痕跡，而這需要長時間的閱讀與寫作練習來養成。 例如，不刻意使用「好像」也能自然寫出漂亮的譬喻，或就主題聯想出一系列的「意象群組」等（見第7招）。相信自己，持續閱讀與寫作，同學們一定能掌握這些作文心法！

157

佳鑫老師 重點整理

- **擁抱感受三步驟**：自我覺察、辨識情緒、接納不批判。

- **詩人之心**：平時即培養「生活的文學態度」，可藉由譬喻和擬人來練習。

- **譬喻練習四步驟**：確定描述的對象、找出相似點、選擇比喻的事物、照樣造句。

- **擬人練習三步驟**：確定描述的對象、賦予人的特徵或行為、運用「人的動詞」造句。

第 2 招　詩人之心

　　生活的文學態度是「善於感受與聯想」,請參考本單元的舉例示範,先選擇要描寫的人事物。再依據以下引導,寫出「譬喻」和「擬人」的兩個句子,幫助自己在日常生活中帶入「文學情境」。

譬喻小練習

- 選擇對象（本體）：

- 找出相似點：

- 選擇比喻的事物（喻體）：

- 照樣造句：

擬人小練習

- 選擇對象：

- 賦予人的特徵或行為：

- 運用「人的動詞」造句：

第3招

翻開題目頁,先默念「5星口訣」——審題立意

情意題要如何「審題」?在下筆之前,我們一樣要先「看清題目」,確定題目要我們回答什麼,才不會漏答失分。建議同學們每寫完一段,就再看一次「題目」與「答題關鍵字」,避免離題。

以下老師擷取歷屆情意題的題幹重點,具體示範如何「圈出」答題關鍵字,同學務必養成動手「圈題目」、「找考點」的習慣喔!

◆ 睜大眼睛:圈題目、找考點!

1. 請以「縫隙的聯想」為題，寫一篇文章，結合生活經驗或見聞，書寫你的感思與體悟。

2. 請以「花草樹木的氣味記憶」為題，寫一篇文章，書寫你熟悉的花草樹木的氣味，及其所召喚的記憶和感受。（113年）

3. 請以「當我打開課本」為題，寫一篇文章，敘述任一學科課本對你的意義，書寫你探索課本內容、知識的經驗與體會。（112年）

4. 假如有一座屬於你所期待的新冰箱，你會有怎樣的想像？冰藏什麼（虛實皆可）會符合你所期待的美好生活？請以「如果我有一座新冰箱」為題，撰文一篇，文長不限。（111年）

5. 請以「靜夜情懷」為題，連結甲文或乙文的體悟，寫一篇文章抒發你對靜夜的體驗及感受。（110年）

6. 請以「溫暖的心」為題，寫一篇文章，分享你的經驗及體會。（109年）

7. 請以「季節的感思」為題，寫一篇文章，描寫你對季節的感知經驗，並抒發心中的感受與領會。（107年）

綜觀近年學測國寫情意題題目，可以發現明顯的趨勢：命題老師希望同學們能從「自身生活經驗」出發，表達對某個主題或場景的深刻「感受」和「體悟」，並發揮「想像力」，展現個人獨特的內心世界。

◆ 歷屆情意題的「共通點」

1. **題目生活化**：

每年情意題都會有明確的「題目」，例如「縫隙的聯想」、「花草樹木的氣味記憶」、「當我打開課本」等。這些題目都可以回到生活中，舉出具體事件，進一步書寫。

2. **個人經驗**：

題文常出現「你」字，也就是說，情意題作文要求考生從「個人的經驗」

第 3 招 翻開題目頁，先默念「5 星口訣」——審題立意

角度出發，關照「自己的」主觀感受，抒發內心世界的所思所感。

3.**表達情感**：
情意題強調以文字傳達真實細膩的情感，如喜悅、憂傷、懷舊等，切勿以知性題的概念說明、議論式文字書寫。

4.**體悟領會**：
描述自己的故事經驗後，要進一步從中轉出個人的「體悟」或「領會」，賦予事件「意義」，提升文章的哲思層次。

◆ **5星審題法：主故情聯反（念5次）**

圈出題目的考點後，我們要快速審題。這裡老師教大家「5星審題法」，

163

中心即是「題目」，星星的五個角分別是：主題、故事、情感、聯想、反思。

★記憶口訣：主故情聯反→諧音：主顧請連翻（主要的顧客請你連續翻筋斗）

```
        主題
     ／      ＼
  反思   題目   故事
     ＼      ／
     聯想  情感
```

1. 主題：自我歷程、審美體驗、人際互動、立場轉換、社會參與（即第1招列出的「五大常考主題」，根據題目，選擇最適合的一種）。

第 3 招 翻開題目頁，先默念「5 星口訣」——審題立意

2. **故事**：從事先準備好的「個人作文材料包」中挑選，結合題目關鍵字來說故事，將作文「題目」嵌入發揮（扣題）。

3. **情感**：找出所選故事中最能表現的「三種情感狀態」，如恐懼、掙扎、突破，注意要有前後的「轉折變化」，營造故事的情感起伏。

4. **聯想**：善用譬喻和象徵等技巧，開展內容，也可運用「象徵物」來說故事，讓作文更有文學性的「記憶亮點」。

5. **反思**：從「反面」立意、深化題目內涵，在第三段拉高文章「哲思」，寫出獨到的解讀與體悟。例如：

→ 題目是「遠遊」，就反思「回家」（由外而內）

→ 題目是「想飛」，就反思「墜落」（由高而低）

→ 題目是「靜夜」，就反思「嘈雜」（狀態對比）

必須注意的是，「反思」是為了凸顯並深化題旨，提供「體悟」發揮的更多可能面向，切勿離題了。

◆ 老師示範：縫隙的聯想

這裡老師以113年學測國寫情意題「縫隙的聯想」為例，示範如何透過「5星審題法」的步驟，快速且具體構思一篇文章。（113年試題可參見輯三「歷屆考題」QR Code）

1・主題：自我歷程

描述自己在青春期如何與母親互動，如何在衝突中找到理解彼此的「縫隙」，領悟自己逐漸獨立與長大的過程。

2・故事：科系選擇衝突

(1) 我愛好文學，想讀中文系，母親卻冷酷施壓，堅持要我讀醫學系。

(2) 某晚在客廳激烈爭吵，母親直接摔碎我的文學獎獎盃。

第 3 招 翻開題目頁，先默念「5 星口訣」──審題立意

(3)班導發現我上課常恍神，致電母親詢問狀況。老師肯定我的文學天賦，並跟母親分享我在作文比賽與文學獎的優異表現。

(4)經過一番沉澱，母親始終希望我快樂，決定挪出選擇空間，讓我自由、適性發展。

(5)在理性與感性的溝通之後，我與母親之間的矛盾逐漸化解。縫隙彷彿變成一條發亮的溝流，圍繞母子兩岸，澆灌彼此的心。我知道我將走向真心嚮往的領域，當我回頭眺望母親，因為這條理解的縫隙，讓我們的心更加靠近。

3・情感：注意要有前後轉折

(1) **壓力**：母親從小無微不至照顧我，希望我能成為醫生，因這是她心目中最有「錢途」的職業，我卻感到壓力和窒息。

(2) **掙扎**：雙方都在掙扎，我希望有更多空間，選擇自己喜歡的校系；母

(3) 和解：班導的一通來電，彷彿讓母親重新認識我。獲得自由與理解之後，我和母親的關係變得更加和諧而美好。

4・聯想：善用譬喻與象徵

(1) 譬喻：植物生長需要間隙，適當的距離能讓植物獲得陽光和養分；同樣地，適當的距離與留白，也能讓母子間的關係更健康。

(2) 象徵：「縫隙」象徵母子間的距離，這個距離既是情感的喘息空間，是理解的可能，也是關係修復的契機。（以上正好扣合考點「森林的縫隙」所問）

5・反思：反面思考＋深化立意

(1) 反面思考：

第 3 招 翻開題目頁，先默念「5 星口訣」——審題立意

- 從「縫隙」反思「密切」：從母子間的縫隙，反思關係的過度緊密將導致壓力和窒息感。適當的縫隙與留白，其實能讓親子關係更健康。
- 從「縫隙」反思「和解」：母子間看似有了裂痕，但其實也促成溝通理解的機會，發現始終深藏在彼此心中的愛。

(2) 深化立意：

- 縫隙不僅是物理上的距離，也是心靈上的留白空間。
- 縫隙代表適度的距離，讓彼此有喘息的機會，也能讓我們重新省視和調整親子關係，帶來更深刻的同理、諒解與關懷。

夏丏尊、葉聖陶在《文心》裡說：「讀書貴有新得，作文貴有新味。」情意題的寫作，必須從「具體」的個人經驗故事中，提煉心得、觸發情懷，最重要的是觸發的功夫。所謂觸發，就是由一件事感悟到其他的事。有感有悟，才是「感悟」。

同學們可以針對以上的「聯想」與「反思」練習,擴大並深化題目的意涵(高分關鍵);最後一段,再描繪故事中的「一個畫面」,首尾呼應,營造文章的美感和悠悠情韻。

第 3 招 翻開題目頁，先默念「5 星口訣」——審題立意

佳鑫老師 重點整理

- **審題要動手**：圈題目、找考點！
- **歷屆情意題共通點**：題目生活化、個人經驗、表達情感、體悟領會。
- **「5 星」審題法**：主故情聯反

  1. **主題**：自我歷程、審美體驗、人際互動、立場轉換、社會參與。

  2. **故事**：選擇材料後，以題目關鍵字為中心，敘寫故事並扣題呼應。

  3. **情感**：從故事線找出三種情感，需有前後轉折。

  4. **聯想**：善用譬喻與象徵手法延伸內容，加深文章的記憶亮點。

  5. **反思**：透過反向思考擴展主題意涵，提升哲思，以獨特的角度深化題旨。

第 3 招　審題立意

有感進步小練習

請以「縫隙的聯想」為題，練習使用「主故情聯反」的 5 星審題法，在下圖星星五角旁，寫下幾個關鍵詞，幫助自己審題思考。

題目請見 QR Code：

```
        主題
          ★
反思　  題目　  故事

    聯想    情感
```

_____

_____

_____

_____

第4招 Always Open！眼耳鼻舌毛細孔——感官摹寫

張愛玲說：「像我們這樣生長在都市文化中的人，總是先看見海的圖畫，後看見海；先讀到愛情小說，後知道愛；我們對於生活的體驗往往是第二輪的。」

同學們在生活中，有沒有過「第一輪」的「親身體驗」呢？不依賴手機電腦等二手資訊，而是直接動用自己身上的所有感官，去看、去聽、去聞、去嚐、去摸，親自體驗人事物帶給你的情緒與想法，才能在作文中寫出真實感動。

雖然「感官摹寫」與「細節刻劃」不在正規的「修辭格」中，但老師認為，這兩種方法就是最厲害的修辭，能讓讀者更明確感受到事物的獨特「樣貌」與「情境」，進而成功營造抒情「氣氛」。

這一章，我們先聚焦練習「感官摹寫」這個技巧。

◆ 詞彙寶庫：五感聯想

1. 視覺

子項目	詞彙庫
色彩	湖水藍、玫瑰紅、金黃色、草地綠、天空藍、柳橙色、紅棕色、淡粉色、深紫色
高低大小	高聳、矮小、巨大、廣闊、狹窄、長條、圓形、細長、矮壯
動靜變化	飛翔、靜止、流動、停滯、起伏、跳躍、旋轉、伸展、凝視、閃爍

174

第 4 招 Always Open！眼耳鼻舌毛細孔——感官摹寫

	子項目	詞彙庫
2. 聽覺	發出聲音的動作	拍打、嘀咕、低語、叫喊、咳嗽、碰撞、嘶吼、擊打
	大自然的聲音	水流潺潺、雷聲隆隆、嘩嘩的雨聲、呼呼的風聲、嘩嘩的浪濤、啁啾的鳥鳴、唧唧的蟲鳴、沙沙樹葉聲
	人聲	嗚嗚哭泣、喃喃低語、唉聲嘆息、怒吼咆哮、大聲呼喊、竊竊私語、不滿的細碎抱怨
	樂器聲	咚咚的鼓聲、悅耳流暢的鋼琴聲、刷吉他和弦聲、悠揚的笛聲、叭叭的小號聲、叮叮噹噹三角鐵、管風琴聲嗡嗡
3. 嗅覺	花草的氣味	玫瑰香、茉莉香、薰衣草香、百合香、檀香、野花香、草地的清香、松樹香、鳶尾花香、桂花香

175

子項目	詞彙庫
4. 味覺	
烹調方法	炒、煮、蒸、炸、焗、烤、燉、煎、燜、燴
食物材料	糖、鹽、醋、辣椒、薑、胡椒、味噌、素蠔油
味道	甜、酸、苦、辣、鹹、澀、清淡、濃郁、鮮美
口感	香脆、軟嫩、彈牙、滑溜、結實、粗糙、綿密、細緻、嚼勁

生活中的氣味	肥皂香、瓦斯味、衣物的清香、新書味、木頭香、油漆味、玫瑰香水味、洗衣粉香、臭毛巾味、刺鼻皮革味
食物的氣味	烤可頌香、牛奶香、咖啡香、熱鍋油煙味、醬油味、醋酸味、芒果熟甜香
醫院的氣味	消毒水味、酒精味、醫藥品味、乾燥劑味、碘酒味、橡膠手套的氣味、清潔劑味

第 4 招 Always Open！眼耳鼻舌毛細孔——感官摹寫

5.觸覺	子項目	詞彙庫
	溫度	冰冷、溫暖、涼爽、微溫、滾燙、酷熱、冷冽、40度C
	身體感受	痠痛、濕黏、熱癢、痠軟、麻痺、刺痛、酥麻、僵硬
	物品材質	絲綢、羊毛、棉花、橡膠、玻璃、金屬、木材、塑膠、絨毛、皮革

◆ 感官摹寫：讓你的作文從2D變3D

步驟一：選擇描寫對象

就以畢旅「逛夜市」當主題吧！我們可先列出幾個腦中浮現的夜市畫面，包含場景、人物與事件：

1. 場景：熱鬧墾丁大街
2. 人物：畢旅少男少女

177

3. 事件：走逛尋覓小吃

步驟二：運用五感描寫

分別利用視覺、聽覺、嗅覺、味覺和觸覺，描寫你逛夜市的過程，讓讀者彷彿身臨其境。以下簡單示範給同學們參考：

1. 視覺：描述你所看到的，如燈光、攤位、各種商品等。
 - 金黃粉紅的夜市燈光，打亮整條墾丁大街。穿著吊嘎拖鞋的年輕男女來來往往，麵線、QQ球、冰淇淋、臭豆腐沿路一字排開。

2. 聽覺：描述你所聽到的聲音，如叫賣聲、音樂、人的交談等。
 - 攤販嘶啞的叫賣聲此起彼落，在一發射氣球的爆破聲之後，小男孩驚嚇跌跤，尖銳的哭聲震耳欲聾。

3. 觸覺：描述你所感受到的觸覺，如擁擠的人群、微風、食物的溫度等。
 - 在擁擠的人群中穿行，肩臂輕微擦撞，暖熱海風湧上，用力吸一口珍珠奶茶，從舌尖、食道滑入胃裡一陣沁涼。

第 4 招 Always Open！眼耳鼻舌毛細孔——感官摹寫

4. 嗅覺：描述你所聞到的氣味，如各種小吃的香味、夜市的特殊氣味等。
- 空氣中瀰漫汗臭與各種小吃氣味，有烤玉米的煙燻味、炸薯條的油膩酥香，還有草莓糖葫蘆誘人的甜香。

5. 味覺：描述你所嘗到的味道，如食物或飲料的味道等。
- 一口咬下黃金QQ球，台農57號地瓜的香甜盈滿口中。檸檬蘇打的酸甜氣泡伴隨滑溜的蘆薈丁，在舌頭上旋轉跳舞。

步驟三：加入情感與想像

★ 超強 A+ 金句公式：感官摹寫＋譬喻

在感官描寫之後，把你當下的情感融入其中，並進一步善用「譬喻聯想」，讓讀者感同身受外，更能留下鮮明的印象。

179

◆ 回顧課文：陳列〈玉山去來〉示範

1. 金黃粉紅的夜市燈光，照亮整條墾丁大街，也照亮我的心情，⟨宛⟩⟨如⟩走上夢幻璀璨的星光大道。
2. 攤販嘶啞的叫賣聲此起彼落，在一發射氣球的爆破聲之後，⟨彷彿⟩心中膨脹累積的煩悶壓力都煙消雲散。
3. 我們流著煙燻黏稠的汗，⟨就像⟩一根根逛大街的烤玉米，在這青春炙熱的夏夜，必須用酸甜冰涼的檸檬蘇打洗澡，在珍珠奶茶河裡暢快游泳。

再一次強調，「感官摹寫＋譬喻」是很好的造句練習，能帶給讀者生動的聯想，加深對文章的印象。

以高中課文陳列〈玉山去來〉為例，有一段對「雲」的描寫十分細膩。

第 4 招 Always Open！眼耳鼻舌毛細孔──感官摹寫

仔細品賞文句，即可發現「感官摹寫＋譬喻」的句型應用。

大幅大幅成匹飛揚的雲，不斷地一邊絞扭著，糾纏著，蒸騰翻滾，噴湧般綿綿不絕從東方冥冥的天色間急速奔馳而至，灰褐乳白相間混，或淡或濃，瞬息萬變，襯著灰藍色的天，像颶風中翻飛的卷絲，像散髮，狂烈呼嘯，洶洶衝捲，聲勢赫赫，一直覆壓到我眼前和頭上，如山洪的暴溅吟吼，如宇宙本身以全部的能量激情演出的舞蹈，天與地以及我整個人，在這速度的揮灑奔放中似乎也一直在旋轉搖盪著，而奇妙的是，這些雲，這些放肆的亂雲，到了我勉強站立的稜線上方，因受到來自西邊的另一股強大氣流的阻擋，卻全部騰擾而上，逐漸消散於天空裡。

★ 「**感官摹寫＋譬喻**」 金句拆解

第一組：

1. 「大幅大幅成匹飛揚的雲，……襯著灰藍色的天」：感官摹寫（視覺）

2. 「像颶風中翻飛的卷絲，像散髮」：譬喻

181

第二組：

1.「狂烈呼嘯，洶洶衝捲，聲勢赫赫」⋯感官摹寫（聽覺）

2.「如山洪的暴濺吟吼，如宇宙本身以全部的能量激情演出的舞蹈」⋯譬喻

◆ 打開感官GO GO GO！

其實，「感官摹寫」的作文方法，無法在密閉的教室裡空談概念，無法在屈縮窄仄的課桌椅間、呆望著稿紙進行。

我們要「有意識」培養活潑生動的寫作能力，平時就必須多加練習。

老師強烈建議同學們走出教室，給自己擬定一個小題目，用筆或手機記錄所見所感。

例如，某次作文課前，我就實際帶全班去新竹麗池公園，**請同學們用「五感」描繪你所見到的風景，寫一小段就好，200字。** 同學們回饋非常「有

第4招 Always Open！眼耳鼻舌毛細孔──感官摹寫

感」，一來沒有嚴肅沉悶的時間壓力，二來因為親身體驗，寫作文時更能具體發揮。

坐而言不如起而行，現在就放下手機、打開門，也打開你的感官，去撫摸粗糙的樹皮、踩踏濕軟的沙坑、欣賞橘紅的晚霞、聆聽清脆的鳥囀、嗅聞清新的草薰吧！（下一招，老師將教你如何把形容詞變為動詞，讓文句更生動。）

佳鑫老師 重點整理

- **感官摹寫**：選擇描寫對象、運用五感描寫（視、聽、嗅、味、觸）、加入情感與想像。

- **超強 A+ 金句公式**：感官摹寫 + 譬喻。

- **實際體驗生活**：「有意識」培養活潑的感官摹寫能力，平時就需多練習。

第 4 招　感官摹寫

有感進步小練習

請運用五種感官摹寫（視覺、聽覺、嗅覺、味覺、觸覺），並加入譬喻和想像，描寫一種你最愛吃的食物或飲料，約 150 字左右。

範例：

夜市桌上，臭豆腐的酥脆外皮閃著金黃亮光。仔細一看，還有未瀝乾的熱油在滋滋跳動，彷彿有著生命。用門牙喀喀咬下，那極香的臭氣一路從鼻腔攻上腦門，如煙火般炸開，鹹甘的褐黑醬汁像鬼魅滲入味蕾。搭配一口酸甜泡菜，正好冰鎮因脆皮而摩擦的軟舌。一陣咀嚼後，我的心被豆腐內部的綿密柔軟給成功占領。

第5招

「顯微鏡作文法」讓閱卷老師看見你——細節刻劃

我常跟同學們說，情意題作文要好看，必須用上「感官摹寫」與「細節刻劃」兩種方法，也就是我所謂的「顯微鏡作文法」。「放大鏡」還不夠，我們再仔細精準一點，用「顯微鏡」的眼光去觀察生活細節，應用在作文上才能更加生動。

「細節刻劃」是讓作文A+的關鍵之一。掌握細節、詳加描寫，不僅能豐富文章內容，更能讓讀者身歷其境，深刻體會作者想傳達的畫面和情感。

以下為三種「細節刻劃」的具體操作方法：

第一：多使用專有名詞，讓描寫更加精確具體。

第二：移動鏡頭找細節，從不同角度觀察和描述事物，讓場景更豐富。

第三：將形容詞改成動詞，呈現事物動態畫面，強化生動的視覺效果。

◆ 方法一：多使用「專有名詞」

1. 一棵樹 → 一棵木棉花樹
2. 一條河 → 一條淡水河
3. 一座山 → 一座十八尖山
4. 一束花 → 一束香水百合
5. 一隻鳥 → 一隻黑冠麻鷺
6. 一種水果 → 宜蘭員山鄉紅心芭樂
7. 一家餐廳 → 果然匯多國蔬食吃到飽

8. 鄉下阿嬤 → 住在北港鎮府番里的阿嬤

方法二：移動鏡頭找細節

步驟一：選擇主題對象

以「校慶園遊會」為主題，選擇三個與園遊會相關的場景或對象，擬定三個鏡頭。

步驟二：依次描寫每個鏡頭

每個鏡頭需要具體、詳細的描寫，透過鏡頭轉換，可以「依序展示」不同場景，增加文章畫面的「層次感」。

步驟三：銜接鏡頭

在不同鏡頭之間加入過渡語句，使描寫更流暢自然。

◆ 舉例示範

第 5 招 「顯微鏡作文法」讓閱卷老師看見你——細節刻劃

☹ **原先無感的空泛寫法：**

校慶園遊會到來，大家都帶著期待的心參加，人來人往，校園十分熱鬧。

☺ **鎖定鏡頭的細節寫法：**

鏡頭一：班級攤位

操場旁，各班攤位整齊排列，214手繪班旗在微風中飄揚，班長穿上恐龍裝，在攤前興奮搖著橘色尾巴。亮藍與暗紅渲染的乾冰汽水噴吐白霧，彷彿向來往的同學們招手。

鏡頭二：籃球場

再往前走，球場正舉辦高二班際籃球大賽，啦啦隊揮舞金蔥銀絲啦啦棒，跟著節奏扭腰高喊「喔嘿！喔嘿！Woo——」籃球在空中劃過一道美麗弧線，唰一聲進籃，全場爆出如雷掌聲。

鏡頭三：司令台

右轉司令台是一排熱食區,熱狗、漢堡、炒泡麵,攤主們忙碌翻炒、裝盤,油鍋滋滋作響,醬油香氣撲鼻而來,令人垂涎。

◆ **方法三:形容詞改成動詞**

步驟一:找出原本的形容詞

根據該鏡頭需描述的特性,找出原本要使用的形容詞。

1. 原句:「大隊接力賽跑的選手**非常努力**。」
2. 原句:「變裝進場的同學們**創意十足**。」

步驟二:揣摩情境,思考用哪個動詞替換

仔細揣摩原本的形容詞,在實際情境中會有哪些「動態表現」,再選擇合適的「動詞」來替換。

第 5 招 「顯微鏡作文法」讓閱卷老師看見你──細節刻劃

1. 替換動詞：非常努力 → 擺動、奔跑、揮汗、跨步衝刺
2. 替換動詞：創意十足 → 敞開、旋轉、蹦跳揮舞

步驟三：將原句以動詞改寫，補充動態效果

將形容詞替換為動詞，補充「動態細節」說明，使描寫更具畫面和動感。

1. 動態改寫：「大隊接力選手們在賽道上擺動雙手，揮汗如雨，跨步向前衝刺。」
2. 動態改寫：「同學們創意變裝進場，超人敞開斗篷，白雪公主旋轉裙擺，小丑蹦跳揮舞金色的氣球。」

◆ 綜合運用：詹佳鑫〈蒼蠅人〉

經過前一章與本章的說明，相信同學們已更能具體掌握「感官摹寫」

191

和「細節刻劃」的作文方法與步驟。

這裡老師進一步跟各位同學們分享自己的高三作品。在散文集《請問少年》第一篇〈蒼蠅人〉，有段描寫上課發呆，一隻蒼蠅突然飛來桌上，而我與牠靜靜對望的有趣情景。

同學們可以「畫線」找找看，以下哪些句子運用感官摹寫和譬喻，哪裡又有鏡頭移轉、使用動詞而讓文字更加生動呢？

我坐在酸臭的廚餘旁，托著半夢半醒的頭顱，心不在焉。教室像被打了柔焦鏡頭，電風扇在天花板上嗡嗡旋轉，涼風輕輕壓在我們柔軟的髮上，我感覺到夏天的重量。然而這教室還有另一種聲音，細細小小，似遠似近，我努力用耳朵找尋，聲音卻漸弱消失。

正當我欲放棄這無聊的搜尋時，一隻蒼蠅停落在橡皮擦上。這一刻讓我異常專注。我屏息凝視，牠的頭有身體三分之一大，兩隻眼睛約占

了頭體積的一半。一對透明翅膀緊黏在黑灰相間的弧形背後，隱約閃著暗紅與墨綠。六隻腳細細長長，上面長滿尖短的體毛，兩隻敏感的前腳東搓西搓，似乎在自我清潔，又像在盤算什麼。我看著那些長得像大於小於的細腳，如半蹲一般；冥冥之中，似乎隱藏一股莫名的力量。

我移動目光，聚焦那些翅膀上的黑條紋，它們如一條黑色的河川不斷分支、蔓延，密佈整片細薄透明的雙翅。這一刻世界都停止呼吸，因為只要一有動靜，可能就會觸動那四千隻複眼的其中一隻，而這將使牠驚慌飛離。我和牠相互對望，也許牠根本沒注意到，只是靜靜停在原地。然而在那麼多隻眼睛中，只要有一隻能與我的眼神交流，這世界將與眾不同。（詹佳鑫〈蒼蠅人〉）

佳鑫老師 重點整理

- **方法一：多使用專有名詞，讓描寫更精確。**

- **方法二：移動鏡頭找細節，讓場景更豐富。**

  1. 步驟一：選擇描寫場景或對象。

  2. 步驟二：依次描寫每個鏡頭。

  3. 步驟三：銜接鏡頭。

- **方法三：形容詞改成動詞，讓畫面更活潑。**

  1. 步驟一：找出原本要用的形容詞。

  2. 步驟二：揣摩情境，思考用哪個動詞替換。

  3. 步驟三：將原句以動詞改寫，補充動態效果。

第 5 招　細節刻劃

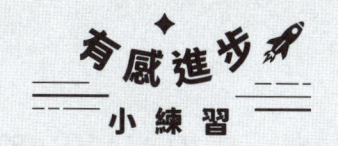

有感進步 小練習

請選擇一個熟悉的場景，使用「專有名詞」、「移動鏡頭」、「將形容詞改成動詞」這三種方法，仔細刻劃該場景的細節，讓畫面更立體生動。

• 我選擇的「場景」是：

• 對該場景的「細節刻劃」：

第6招 不只外貌協會,「這3招」讓你更會——人物描寫

在情意題作文中,仔細描繪人物的外貌、言談或行為,甚至刻劃內心的情感世界,我們能塑造一個具有立體感的人物形象,讓故事的呈現更精采。

以下就表情外貌、對話語言、行為舉止三大面向,舉例說明人物描寫的技巧。

◆ 一、表情外貌

1. **描寫五官特徵**，如眼睛、嘴巴、鼻子等。
 - 206班吉他社學長有一雙鳳眼，嘴唇細薄，鼻樑高挺，擁有許多小粉絲。

2. **描寫臉部表情**，如微笑、皺紋等。
 - 東山街早餐店老闆娘大笑時，會露出一排白色假牙，眼角的魚尾紋也隨之游動起來。

3. **描寫身材和穿著打扮**，如身高、體態、服裝等。
 - 體育老師身高185，肩膀寬厚，平頭蓄鬍，喜歡穿小火龍T恤教我們打籃球。

◆ **二、對話語言**

1. **使用人物的口頭禪。**
 - 「Hey boys 考試囉！」英文老師一打鐘就衝上台，發下雪片般的單字卷：「Only five minutes!」

2. 描寫人物說話的態度或語氣，如溫柔、嚴厲等。
 - 輔導老師的聲音像絲綢般柔軟，那徐緩的語氣彷彿能撫平傷痛，讓人不自覺平靜下來。

3. 描寫人物的口音或方言習慣。
 - 每次回雲林，浮誇的阿嬤都會抓起我的雙手說：「孫仔！你灰熊、灰熊緣投！我愛你，知否！」

◆ 三、行為舉止

1. 描寫人物的小動作，如折手指、清喉嚨、抓髮尾等。
 - 緊張時，我會不自覺折右手手指，指節發出輕微的喀喀聲響，如此便能讓我放鬆。

2. 描寫人物的習慣行為。

第6招 不只外貌協會，「這3招」讓你更會——人物描寫

- 父親每次離開全聯時，都會仔細翻找錢包和口袋，將所有發票投入門口的捐贈箱中。

◆ 回顧所學：國文課本「人物群像」

在國文課中，我們看過許多精彩的人物描寫。以下老師舉例幾位課文人物，同學們可以想想看：文章中的人物發生了什麼事？作者如何透過以上幾點來刻劃人物的外表或心理狀態？

◆ 吳敬梓〈范進中舉〉：范進

范進不看便罷，看過一遍，又念一遍，自己把兩手拍了一下，笑了一聲道：「噫！好了！我中了！」說著，往後一跤跌倒，牙關咬緊，不省人事。老太太慌了，慌將幾口開水灌了過來。他爬將起來，又拍著手

大笑道:「噫!好了!我中了!」笑著,不由分說,就往門外飛跑,把報錄人和鄰居都嚇了一跳。走出大門不多路,一腳踹在塘裡,掙起來,頭髮都跌散了,兩手黃泥,淋淋漓漓一身的水。眾人拉他不住,拍著笑著,一直走到集上去了。

1. 表情描寫:范進喜極大笑,神情興奮。
2. 重複語句:范進不斷重複「噫!好了!我中了!」強調他的激動與難以置信。
3. 誇張動作:范進跌倒、不省人事、飛跑、摔入塘中,這些連續動作展現范進內心的狂喜。

◆ 魯迅〈孔乙己〉:孔乙己

孔乙己是站著喝酒而穿長衫的唯一的人。他身材很高大,青白臉色,

第6招 不只外貌協會，「這3招」讓你更會——人物描寫

皺紋間時常夾些傷痕，一部亂蓬蓬的花白的鬍子。穿的雖然是長衫，可是又髒又破，似乎十多年沒有補，也沒有洗。他對人說話，總是滿口之乎者也，教人半懂不懂的。因為他姓孔，別人便從描紅紙上的「上大人孔乙己」這半懂不懂的話裡，替他取下一個綽號，叫作孔乙己。

1. 外貌特徵：青白臉色、皺紋間的傷痕和亂蓬蓬的鬍子，呈現孔乙己的落魄形象。

2. 文言習慣：孔乙己滿口「之乎者也」，看起來與時代格格不入，隱微透露他的迂腐。

3. 行為反差：孔乙己身穿髒破的長衫，站著喝酒，表現他落魄卻仍堅持讀書人身份的矛盾性格。

◆ 琦君〈髻〉：姨娘

父親不久回來了，沒有買水鑽髮夾，卻帶回一位姨娘。她的皮膚好細好白，一頭如雲的柔髮比母親的還要烏，還要亮。兩鬢像蟬翼似地遮住一半耳朵，梳向後面，挽一個大大的橫愛司髻，像一隻大蝙蝠撲蓋著她後半個頭。

姨娘洗頭從不揀七月初七。一個月裡都洗好多次頭。洗完後，一個小丫頭在旁邊用一把粉紅色大羽毛扇輕輕地扇著，輕柔的髮絲飄散開來，飄得人起一股軟綿綿的感覺。父親坐在紫檀木榻床上，端著水煙筒噗噗地抽著，不時偏過頭來看她，眼神裡全是笑。

1. 外表描寫：皮膚細白、柔髮如雲，兩鬢像蟬翼般的描寫，刻劃姨娘的美麗。

2. 優雅動作：一旁小丫頭用粉紅色羽毛扇輕扇，輕柔的髮絲飄散，襯托出姨娘高貴優雅的形象。

◆ 洪醒夫〈散戲〉：金發伯

金發伯站在稍遠的地方，木然地看著他們，他抽著菸，始終不發一語。天色漸自黯了，僅剩的那一點餘光照在他佝僂的身上，竟意外地顯出他的單薄來。秀潔從人與人之間的縫隙裡望過去，看到紙菸上那一點火光在他臉上一閃一滅，一閃一滅，那蒼老憂鬱而頹喪的神情便一下子鮮明起來，不由得想起以前教戲給她時的威嚴自信的臉色，兩相對照之下，使她內心悸動不已，便禁聲了。

1. 蒼老特徵：在夕陽餘光下佝僂的身體，顯現金發伯的衰老與頹喪。
2. 沉默不語：金發伯在整個場景中不發一語，暗示內心無言的沉重。
3. 遠處抽菸：站在遠處木然地抽菸，表現金發伯的無奈與疲憊。

佳鑫老師 重點整理

- **表情外貌**

    1. 描寫五官特徵。

    2. 描寫臉部表情。

    3. 描寫身材和穿著打扮。

- **對話語言**

    1. 使用人物的口頭禪。

    2. 描寫人物說話的態度或語氣。

    3. 描寫人物的口音或方言特徵。

- **行為舉止**

    1. 描寫人物的小動作。

    2. 描寫人物的習慣行為。

第6招　人物描寫

有感進步 小練習

1. 請選擇一個熟悉的人物，從「表情外貌」、「對話語言」、「行為舉止」三個角度，參考本單元的引導說明，分項完成以下表格。

2. 依據你所列出的人物特徵，請再進一步組織整合，寫出一到兩段文字，生動呈現該人物的性格與形象。

• **我要描寫的人物是：**＿＿＿＿＿＿＿＿＿＿＿＿＿

描寫重點	人物特徵（可列點）
表情外貌	
對話語言	
行為舉止	

第 7 招 作文學霸都不說的高分祕密，真的有點難——意象經營

「意象」是文學作品中用來表達抽象概念、情感或思想的具體事物。

「意」是內在的抽象意念，「象」則是外在的具體物象。

「意象」常透過象徵手法來連結意義，有以下三個特點：

◆「意象」的三個特點

1. 具體：意象往往是具體的形象或事物，如大家常聽到的「玫瑰」、「鴿

2. **象徵性**：這些具體的事物往往具有象徵意義，能代表另一層概念。例如，「玫瑰」象徵「愛情」、「鴿子」象徵「和平」、「楊柳」象徵「離別」。

3. **情感意義**：透過意象能傳達特定情感，如玫瑰常出現在描寫愛情的文學作品中，代表深情和浪漫；鴿子啣著橄欖枝在天空飛翔，象徵和平、希望與自由；楊柳的柔韌飄逸象徵離別的不捨與哀愁，且「柳」與「留」諧音，古人常以折柳送別表達離情。

◆ **回顧所學：課文中的意象**

在國文課中，我們也學習過許多經典的「意象」，例如：

1. 徐志摩〈再別康橋〉中的「雲彩」：象徵康橋時光的幸福美好。

2. 琦君〈髻〉中的「髮結」：象徵母親與姨娘之間的「心結」。

3. 歸有光〈項脊軒志〉中的「枇杷樹」：象徵對已逝妻子的思念。

4. 賴和〈一桿「稱仔」〉中的「稱仔」：象徵法律的公平正義（卻被日警折斷）。

5. 洪醒夫〈散戲〉：「散戲」就字面實際來看，意指戲演完了；在文章中還有暗示「玉山歌劇團即將解散」、象徵「傳統文化式微」的意涵。

◆ 高招：設計穿越時空的「象徵物」

在每年批閱多篇同學們的情意題作文後，老師發現大家普遍有敘事平淺、文章記憶點不足等問題。其實，要解決這些痛點，我們可以創造屬於自己「穿越時空的象徵物」。

如前面提到琦君〈髻〉一文，文章記憶點十分鮮明，作者透過「髮結」的變化，帶出時間之流中，母親與姨娘關係的轉變，以及自我成長的體悟，十分動人。

208

第 7 招 作文學霸都不說的高分祕密，真的有點難──意象經營

老師認為，這是一篇非常值得細細品味的抒情範文，它幾乎包含了大考中心公布的情意題評量標準：

1. 具體寫出個人的生活經驗，從中感知聯想、創造抒發。
2. 針對問題的情境，真誠抒發個人的情感與體會。
3. 文辭組織與表達能力。

當然，琦君寫文章並非為了考學測。只是我們可以學習〈髻〉的文學表達技巧，用一個「象徵物」貫串過去、現在甚至未來。運用「穿越時空的象徵物」來寫情意題，有以下幾個能展現自己寫作技巧的優點：

1. 能讓文章獨特聚焦且有記憶亮點（別再寫讀書、補習、考試的例子啦）。
2. 能展現作者描寫該象徵物的能力（感官摹寫、細節刻劃）。
3. 能讓故事有時間軸脈絡，文章因而有層次與前後轉折。
4. 能寫出更深刻的首尾呼應，同一個象徵物，卻有經歷事件後不同的體悟。

◆ 書寫「象徵物」綱要舉例

例：黑色吉他

過去（社團成發前）
1. 那把黑色吉他，陪我度過許多週五夜晚的社課，見證我對音樂的執著。
2. 社團成發前夕，忐忑不安，我的心像散亂的音符，不確定能否在眾人面前完美演出。

現在（社團成發後）
1. 我抱著那把黑色吉他站上舞台。當我閉眼，刷出響亮和弦，不安瞬間消散，吉他閃閃發光。
2. 演出後，觀眾席掌聲如雷。我想，共鳴的不只是那把黑色吉他，還有我們如彩虹般對音樂的熱愛。

例：串珠手鍊

過去（友誼破裂）

1. 那條串珠手鍊是我們一起去新竹手工藝店，用心串給彼此的高三學測幸運物。
2. 但某次晚自習因誤會而爭吵，她把手鍊摔在我桌上，我們的友情如珠子散落一地。

現在（友誼和好）

1. 我把珠子重新串起，細思彼此間的誤解與矛盾。我們蹲在補習班樓下，敞開心扉，聊了一整夜。
2. 再次戴上手鍊，每顆珠子彷彿重獲新生，友誼經歷挫折後變得更加堅韌，像經過打磨的寶石熠熠生輝。

◆ **分步驟教你：操作意象的方法**

老師在高三時，寫過一篇散文〈一隻魚的潮流世界〉，靈感來自於當時班上崇尚潮流名牌的風氣。在意外表與物質的青少年，翻看時尚雜誌、默默比較名牌，誰今天穿 Nike 新鞋、誰換了 Apple 手機……我也在其中載浮載沉，卻總覺心有矛盾，於是寫下所思所感，投稿全國學生文學獎。

當時擬定「潮流感思」做為文章主題，我順著「潮流」的主題意象，聯想自己是其中的一隻「魚」，進而又想出「波浪」、「漩渦」、「撒飼料」、「魚群搶食」、「水族箱」、「鱗片」等相關子意象。

在寫作的過程裡，我不斷思考，這些意象「如何連結」我所要表達的主題？如何呼應「潮流」的中心意象，又如何再各自帶出不同意涵？

我依稀記得，〈一隻魚的潮流世界〉中，有些意象是在書寫的過程自然湧現，有些則是揣摩思考後，再經藝術轉化的結果，兩者過程實難分別。

老師就以此為例，具體說明「如何操作意象」，讓你的作文更具有「文學

第 7 招 作文學霸都不說的高分祕密，真的有點難——意象經營

步驟一：確認主題意象

首先，我們需要確認書寫主題，再以此找出一個最能代表主題的意象。

例如，我想寫高三時期對同儕們追求時尚名牌的所思所感，於是選擇「潮流」作為文章主要意象（也剛好是題目關鍵字）。

步驟二：意象延伸聯想（意象群組）

再來，根據所選擇的「主要意象」，再延伸出相關的「子意象」。同學們可以從主意象的特質、附屬物、形狀、聲音、氣味、溫度等線索加以聯想，這步驟可以多列出幾個，有助於後續的寫作。（我稱之為「意象群組」）

例如，圍繞「潮流」這個主題，我們可以列出以下與潮流有關的「子意象」：

1. 魚
2. 波浪
3. 漩渦
4. 撒飼料
5. 魚群搶食
6. 水族箱
7. 鱗片

其中，也有從「子意象」再聯想出的「子子意象」，例如從「魚」想到「撒飼料」、「水族箱」。但不要緊，這步驟就是自由發想，我們先求有、再求好。

步驟三：賦予意象內涵

接下來，我們要思考這些子意象可能代表的「象徵意涵」，並將它們連結到「文章主題」，形成緊密有機的意象網絡。寫作時，不一定要將第二步驟列出的子意象全部用上，可以進一步篩選。

第 7 招 作文學霸都不說的高分祕密，真的有點難——意象經營

1. 魚：代表「自己」，象徵潮流中的青少年個體。
2. 波浪：西門町捷運六號出口，上下起伏的茫茫人海，象徵無窮無盡的時代潮流。
3. 漩渦：寂寞的漩渦，象徵青少年在追求潮流時內心的迷茫和孤獨。
4. 撒飼料：掏錢撒錢買單的姿態，象徵無意識地追逐潮流。
5. 魚群搶食：爭先恐後追逐潮流，象徵青少年之間的時尚競賽和模仿。
6. 水族箱：代表世界，亦象徵青少年處在有限而封閉的環境。
7. 鱗片：他人的眼光，象徵青少年所追求的外在形象和認同。

步驟四：連結整合

最後，我們要將這些意象，有機地整合並融入文章中，形成完整的段落。同學們可以進一步善用「譬喻」來連結，讓文字表達更流暢。例如：

在這熙熙攘攘的城市裡，我就像一條小魚，隨波逐流，尋找自己的

方向。在西門町捷運六號出口，一顆顆人頭上下起伏，像一陣充滿力量的黑色波浪，將我淹沒在潮流之中。有時，我感覺自己被捲入了寂寞的漩渦，在五光十色的名牌廣告裡，找不到出口，只有無盡的孤獨。我們無意識地撒錢，追逐那些所謂的時尚潮流，同時又像魚兒在水中張口推擠搶食飼料，深怕被時代落下，但這真能帶來快樂嗎？

這世界一定有人提供飼料，也一定有魚急著搶食。我們都在時代的潮流裡轉彎前進，只是有人習於潛居水底，有人載浮載沉，也有人奮力地擺動身軀，極欲脫離這洶湧的潮水。在未知的時刻，可能有魚正偷偷落淚，但無人看見；可能有魚正試著張嘴說話，卻沒人肯側耳傾聽。

也許，世界本身更像個大水族箱，所有的浪潮與波動皆因我們引起，有人漸感頭暈目眩，有人卻樂此不疲。我們以他人的眼光作為己身發亮的鱗片，將自己包裹在一層又一層巨大的空虛裡，偶爾湊湊熱鬧，偶爾自我封閉，偶爾因玻璃缸受撞擊而驚嚇萬分，但最後仍只對著鏡面投以空洞的眼神。（改寫自詹佳鑫〈一隻魚的潮流世界〉）

佳鑫老師 重點整理

- **意象的三個特點**

  1. 具體：意象通常是具體的形象或事物。

  2. 象徵性：這些事物具有象徵意義,能代表另一層概念。

  3. 情感意義：意象能傳達特定的情感。

- **穿越時空的「象徵物」**

  1. 解決敘事平淺、記憶點不足等問題。

  2. 凸顯文章亮點、展現描寫能力、帶出故事轉折、強化首尾呼應。

- **操作意象的方法**

  1. 確認主題意象：確認書寫主題,找出最能代表主

題的意象。

2. **意象延伸聯想**：根據所選擇的「主要意象」，延伸出相關的「子意象」（意象群組）。

3. **賦予意象內涵**：思考子意象可能代表的意涵，將它們連結到文章主題，形成緊密的意象網絡。

第7招　意象經營

有感進步小練習

1. 請以「成長」為主題，選擇一個穿越時空的「象徵物」（填入中間）。

2. 針對該象徵物的其他特徵，聯想出相關的五個「子意象」（填入外圈）。

3. 思考這些子意象可能代表的意涵，並將它們扣回「成長」的主題。

4. 以「今昔對比」的寫作軸線來思考，如何透過這個「象徵物」說故事？

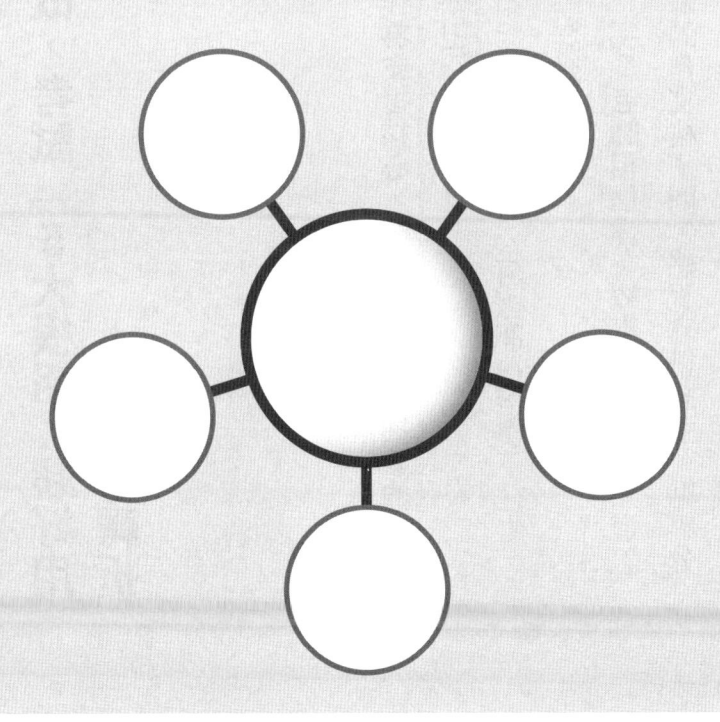

第8招 讓故事發生事故,考試「5大模組」超好用——故事轉折

情意題寫作需要有「故事」作為支撐核心,藉以生動表達抽象的感受和概念,讓文章更具有記憶點與吸引力。

「故事可以瞎掰嗎?」每年學測考場,許多阿公阿嬤都在榕樹下往生。

教授說:「每年此時應該舉辦大型超渡法會!」

你相信自己是「有故事的人」嗎?老師相信你有故事,只是不知道怎麼說。在現實的考場上、密密麻麻的作文格子間,感覺寫得誇張一點,分數就會高一點吧?

第 8 招 讓故事發生事故，考試「5 大模組」超好用──故事轉折

這是迷思。在情意題第一招，老師讓同學們蒐集「自己的故事」，因「故事」才是抒情文的核心，寫你「自己」，最真實。只是，多數同學們在寫故事時，常見平鋪直敘的流水帳，或是缺乏衝突和轉折點，結尾就突然拋出生命感嘆或名言佳句，顯得說服力不足。

同學們可以從個人成長、人際關係、社會關懷這三方面進行個人化取材。就老師長期批改作文的經驗，同學們在書寫故事時，常會有以下幾個缺點：

◆ **寫故事的常見缺點**

1．情緒單一：

例如寫參加合唱比賽，從頭到尾都說很開心，沒有描述準備過程中的波折或感受上的變化，缺乏情緒起伏，容易讓讀者感到無聊。

2. 缺乏轉折：

同學寫和阿公一起坐雲霄飛車的經驗，題材不錯，但從第一段到最後都只是平淡敘述，沒有任何前因後果或情節轉折，文章顯得單薄乏味。

3. 流水帳：

寫暑假中一次有趣的見聞，只列出每天做了什麼，沒有深入描述某一特別事件或感受，讓文章像一篇日記流水帳。

4. 事件散亂不聚焦：

例如寫社團迎新，東一句西一句岔出多位朋友和不同事件，沒有聚焦主題，讓人無法了解重點。

◆ 小對比：從五元素先找出「故事關鍵」

第 8 招 讓故事發生事故，考試「5 大模組」超好用──故事轉折

同學們不知如何下筆，可能是因「故事」本身過於龐大或雜亂，難以找到「切入點」。**這時，我們可以召喚出記敘文中的「五元素」：人、事、時、地、物。**

同學們在蒐集、準備自己的故事前（作文材料包），可以先從這五個小元素入手，比較不會茫然無措。

根據以下老師給予的「對比提示」，先列出相關的「小材料」之後，再進一步填充故事內容，就能階段式、具體構思出有轉折層次的故事囉！

1. 人：別離 vs. 相聚、遺忘 vs. 記得
2. 事：失敗 vs. 成功、遺憾 vs. 圓滿
3. 時：過去 vs. 現在、短暫 vs. 永恆
4. 地：陌生 vs. 熟悉、排斥 vs. 喜歡
5. 物：失去 vs. 存在、老舊 vs. 新穎

以下老師簡單示範「小對比」的作文綱要，請同學們先選取其中一到兩項元素，根據引導提示，**寫出一兩句話的綱要即可**，之後可再擴寫（不會太難）：

1.人：
• 相聚 vs. 別離：高一同班同學小慧，是我最好的閨蜜；高二她卻因搬家而轉學，讓我體會應珍惜每一刻的相聚。
• 記得 vs. 遺忘：從小同住板橋的二阿姨，細心照顧我，教我煮飯；她再嫁後漸漸失聯，不再與我見面，是忘了我嗎？

2.事：
• 失敗 vs. 成功：國三數學競賽中全力以赴，獲得第一名；高中再次報名，卻仗恃過往優異成績而缺乏練習，最終落榜，讓我反省自己取巧的心態。

第 8 招 讓故事發生事故，考試「5 大模組」超好用——故事轉折

- **遺憾 vs. 圓滿**：班級合唱比賽中，儘管大家表現出色，卻因音響設備突然故障而中斷。這個小遺憾讓同學們在後來的班級競賽中更加團結，回想起來依然溫暖。

3・時⋯

- **過去 vs. 現在**：兒時與鄰居男孩在籃球場追逐玩耍，現在各自補習忙碌，再無空閒一起打球，令人惆悵。
- **短暫 vs. 永恆**：原以為玩音樂是我人生永恆的夢想，但爸爸堅持要我考電機系，一次激烈爭吵後，竟摔斷那把貝斯⋯⋯

4・地⋯

- **陌生 vs. 熟悉**：高一新生訓練走進 110 教室，感到不安陌生；在結識朋友、參加校刊社之後，我對校園更加熟悉，對新生活充滿好奇。

- 排斥 vs. 喜歡：原先對搬新家感到排斥，但發現祕密美食景點、河濱公園與獨立書店後，逐漸喜歡上這座城市。

5‧物：

- 失去 vs. 存在：陪伴我童年的小狗，去年因腎衰竭離世，但那相處的點點滴滴，將永遠存在我心中。
- 老舊 vs. 新穎：家中客廳的舊電腦貼滿日常備忘錄，儘管過時，母親也捨不得換成 Apple 新筆電。

◆ **大對比：五種吸引人的「故事轉折模組」**

經過前面的「小對比」聚焦練習，相信你已產生一些具體的故事材料。

接下來，**老師歸納五種在作文中，能讓故事產生「層次」與「轉折」的好**

第 8 招 讓故事發生事故，考試「5 大模組」超好用──故事轉折

用敘事模組，幫助同學們有效寫出具有情節起伏的個人故事。

在每個故事模組後，老師也附上了相關思考路徑，幫助同學們尋思「過程」，深化故事的意義。

1. 衝突 → 解決（如何解決？有辦法解決嗎？）
2. 挫折 → 成就（如何成功？經歷哪些努力？）
3. 失落遺憾 → 轉念釋懷（是什麼轉念的契機？內心如何釋懷？）
4. 營造懸疑 → 揭開謎底（探索真相的過程是什麼？對謎底有何體悟？）
5. 今昔時空 → 體悟感懷（時空背景有何變化？如何帶給你不同感受？）

這裡，老師也從「自我成長」、「人際關係」、「社會關懷」三大常考的主題面向，提供幾組詞彙，幫助同學們切入思考「故事轉折」的可能：

自我成長
1. 掙扎、懷疑、放棄、悔恨、孤獨……
2. 堅持、面對、覺醒、改變、重生……

人際關係
1. 牽絆、誤解、背叛、試煉、疏離……
2. 道歉、傾聽、重逢、扶持、和解……

社會關懷
1. 弱勢、偏見、歧視、矛盾、衝突、孤立……
2. 尊重、理解、公平、責任、關愛、團結、跨文化交流……

◆ 老師示範：故事轉折模組

第 8 招 讓故事發生事故，考試「5大模組」超好用——故事轉折

1. 衝突↓解決
- 故事脈絡說明：

我認為音樂是我永恆的夢想，但父親堅持要我填電機系，認為這樣才有高薪收入。我對他怒吼，父親氣憤摔斷了貝斯，剎那間，夢想被絕望摧毀。

事後，我與父親在客廳對談，表明自己那晚的受傷，也明白父親希望我有穩定的生活。我們敞開心房，討論如何在夢想與現實間取得平衡，慢慢化解父子間的矛盾……

2. 挫折↓成就
- 故事脈絡說明：

國三數學競賽奪冠讓我驕傲，但高中再次參賽時，因為自滿而未做準備，最終鎩羽而歸。這次挫敗讓我深刻反省，如何在謙遜的學習態度

中，不斷精進自我，持續努力。

於是，我重新擬定計畫，每天寫三回競賽試題，修正自己的弱點。

最終，在高三全國賽取得優勝佳績。這段經歷，讓我體會到挫折是通向成功的必經之路。

3.失落遺憾→轉念釋懷

• 故事脈絡說明：

小狗猝然離世，讓我陷入絕望的深淵。我始終感覺自己沒有細心照顧牠，心中悔恨交加，日夜不安，無法接受事實。

上週整理手機照片時，跳出一張在大佳河濱公園和牠玩耍的畫面。我突然意識到，雖然狗狗已當了天使，但牠帶來的純真與快樂將長存我心中，而我將懷抱這份陪伴與祝福，繼續往前走……

第 8 招 讓故事發生事故，考試「5 大模組」超好用——故事轉折

4. **營造懸疑 → 揭開謎底**
- 故事脈絡說明：

家中客廳，一台舊電腦貼滿密密麻麻的日常備忘錄。每當我走過，內心總疑惑著：「這電腦老舊積塵，為什麼母親不換一台全新的 Apple 筆電呢？」

有天，我偶然發現這台電腦的一個文件夾，藏著另一個特別的備忘錄。那是母親為我和弟弟寫下的鼓勵話語，還有許多我們童年的照片。那一刻，我終於明白母親捨不得更換的原因。這台電腦儲存的，不只是舊資料，還有母親對我們無盡的關愛與期許。

5. **今昔時空 → 體悟感懷**
- 故事脈絡說明：

籃球在空中拋飛、傳遞，陽光熾熱，回想兒時在球場上與鄰居男孩

231

流汗奔跑的場景，令人懷念。但隨著時光流逝，我們各自忙碌，學業壓力籠罩了那段天真無憂的時光。

如今，每當經過那座球場，我彷彿會看見透明的籃球被投入籃框，兩個矮小扁平的影子在地面追逐。這裡曾是我們共享快樂的天地，如今卻變得陌生而冷清。我知道，童年已悄然逝去⋯⋯

透過以上的步驟式階段操作，書寫一篇跌宕起伏、具有層次轉折的故事並不難。**在大考作文中，「有記憶點」的個人故事是高分關鍵。**寫故事不只是文字技巧的串聯，平時對生活有所體會，將更細膩的情感與思考融入故事中，才能打動讀者，與我們一同感受生命的起伏與波折。

佳鑫老師 重點整理

- **寫故事常見缺點**：情緒單一、缺乏情節轉折、流水帳、事件散亂不聚焦。

- **小對比**：從五元素先找出「故事關鍵」

  1. 人：別離 vs. 相聚、遺忘 vs. 記得

  2. 事：失敗 vs. 成功、遺憾 vs. 圓滿

  3. 時：過去 vs. 現在、短暫 vs. 永恆

  4. 地：陌生 vs. 熟悉、排斥 vs. 喜歡

  5. 物：失去 vs. 存在、老舊 vs. 新穎

- **大對比**：五種吸引人的「故事轉折模組」

  1. 衝突 → 解決

  2. 挫折 → 成就

  3. 失落遺憾 → 轉念釋懷

  4. 營造懸疑 → 揭開謎底

  5. 今昔時空 → 體悟感懷

第 8 招　故事轉折

有感進步小練習

1. 請先從情意題第 1 招「五種常考主題」中，選出一個獨特的個人故事。

2. 從人、事、時、地、物的「記敘文五元素」來發想，這故事可以強調其中哪個元素？

3. 就本單元列舉的「小對比」，試著先找出故事可能的轉折關鍵。

4. 再從五種「故事轉折模組」的「大對比」，寫出前後綱要，並思考如何營造故事的轉折與層次。

第9招

到底有完沒完？抒情結尾「3祕訣」——妙筆收尾

「到底有完沒完？什麼意思？」

情意題作文強調抒情、感發聯想的能力，「有完沒完」並非指草率結尾或文未終篇，而是在作文第一段給出畫面、第二段敘述故事、第三段提出感悟之後，還能在最後一段留下「動人的餘韻」，引發讀者深思。

老師幫各位同學整理出三種最常見、容易上手的情意題結尾方式：「意象結尾」、「提問結尾」和「畫面結尾」（這個老師以前作文超愛用）。

意象結尾聚焦象徵物，以具體的物件來昇華情意，讓情感含蓄而深刻；

第 9 招 到底有完沒完？抒情結尾「3 祕訣」——妙筆收尾

提問結尾是提出內心疑惑，引發讀者感悟和共鳴，流露真情，畫面結尾則是描繪一幅生動的情境或景象，讓讀者感受其中蘊藏的情感，達到「情景交融」的效果。

◆ **老師示範：家政課織給暗戀男生的圍巾**

若以「家政課織給暗戀男生的圍巾」為例，老師親自來示範，使用「意象結尾」、「提問結尾」和「畫面結尾」的寫法可能是：

1．意象結尾：聚焦情感

那條在家政課親手織好的圍巾，安靜地蜷臥桌上。原先纏繞的毛線就像我糾結的心思，但透過梳理與編織，我逐漸明白自己對他的心意。望著這一圈粉紅色圍巾，我心中也泛起一圈圈溫柔的漣漪。希望這條圍

巾能陪伴他走過寒冬、迎戰學測，成為他前行路上最溫暖的守護。

說明：

針對「圍巾」此一意象，描述其特徵或狀態，運用比喻、象徵手法來表達內心情感。例如，纏繞的毛線比喻糾結的心思，梳理與編織過程象徵理解與明白心意。「圍巾」在此就成為「象徵物」，代表對那位男生的「溫暖守護」。

2・提問結尾：真情流露

看著自己親手織好的圍巾，我內心充滿期待和不安。每一針、每一線都是我對他的思念與祝福。他戴上圍巾時，是否會感受到我的心跳和默默守護？凝視這條圍巾交錯的織網紋路，不禁感傷⋯⋯畢業後，我們未來還有機會相逢嗎？

說明：

第 9 招 到底有完沒完？抒情結尾「3 祕訣」──妙筆收尾

用兩個問句作結，讓讀者感受到作者內心的矛盾與期待，提升文章張力和情感深度。結尾的提問必須扣合文章主題，並延續前段的敘述，讓情感表達更自然。

3・畫面結尾：情景交融

課堂結束後，我站在高三大樓301教室旁，抱著那條親手織好的圍巾。寒風凜冽，陽光透出厚重的雲層，金色晚霞灑在粉紅色圍巾上，我看見細軟的毛絲隨風輕輕搖擺、晃動，彷彿呢喃著我幽微的心思。斜坡上，他燦笑揮手向我走來，像冬日一縷暖陽，我捧著圍巾，胸口微微發燙……

說明：

細膩的場景描寫，能讓讀者置身其中，進而帶出作者的心緒並渲染故事氛圍。例如，此段場景在「高三大樓301教室旁」，畫面鏡頭由遠而近，從天邊金色的晚霞到圍巾上飄動的細絲，再抬頭，看見暗戀的人從遠方走來，並以冬日暖陽的畫面、呼應內心的悸動作結。

239

◆ 再多幾個例子！國文課本示範說明

其實，同學們平常就能從國文課本中的選文，細細咀嚼、體會作者如何結尾、如何抒情。以下簡單舉例說明：

1. 意象結尾：聚焦情感

歸有光〈項脊軒志〉結尾

庭有枇杷樹，吾妻死之年所手植也，今已亭亭如蓋矣。

說明：

歸有光用「枇杷樹」此一意象，睹物思人，象徵對亡妻的思念之情。樹木茂盛如蓋，象徵思念也隨時間增長。筆淡情深，令人動容。

2. 提問結尾：真情流露

第 9 招 到底有完沒完？抒情結尾「3 祕訣」──妙筆收尾

琦君〈髻〉結尾

我能長久年輕嗎？她說這話，一轉眼又是十多年了，我也早已不年輕了。對於人世的愛、憎、貪、痴，已木然無動於衷。母親去我日遠，姨娘的骨灰也已寄存在寂寞的寺院中。這個世界，究竟有什麼是永久的，又有什麼是值得認真的呢？

說明：

琦君以「問句」感嘆「人生無常」，引發讀者對於「執著與釋懷」的省思。母親與姨娘的心結由緊到鬆，在生命終點，過往的愛恨糾葛也都只是短暫因緣，藉由真實的提問，拉高文章的哲思層次。

3・畫面結尾：情景交融

(1) 洪醒夫〈散戲〉結尾

其他人聽了，都哈哈大笑，鬧成一團，只有金發伯默不作聲，他低

垂著頭，抽著紙菸。秀潔抑制著內心的激動，轉頭去看戲臺。在剛暗下來的天色裡，猶未燃燈的單薄的戲臺，便在她的眼中逐漸模糊起來。

說明：

洪醒夫用「對比」手法展現歡鬧與寂寞的反差，凸顯秀潔內心的惆悵感傷。暗淡的天色和未燃燈的戲臺，象徵過去的榮光不再，與秀潔的淚眼朦朧相呼應，強化了「情景交融」的效果。

(2) 廖鴻基〈鬼頭刀〉結尾

夕陽煥照，紅霞滿天，船隻落寞回航，翁鬱遠山以其恆古不變的姿態橫互浪緣，飛魚照樣飛起，照樣衝落，鬼頭刀十分從容，滿滿盤據住我的視線、我的胸膛，牠身上的藍色亮點將持久在我內心裡閃耀。

說明：

本文前幾段，廖鴻基先描寫人與魚的拚搏、鬼頭刀相隨的愛戀，以及

第 9 招 到底有完沒完？抒情結尾「3 祕訣」——妙筆收尾

出海波折起伏的心情；結尾則用夕陽、紅霞、遠山、飛魚等自然之物，描繪出和諧寧靜的畫面，並再次聚焦主角「鬼頭刀」身上閃耀的藍色亮點，表達作者對海洋世界的深情。

(3)楊牧〈十一月的白芒花〉結尾

而那些是回不來了。那些以及更久更久以前的白芒花，在山谷，河床，在丘陵上，漫山遍野，清潔而且沒有顧忌，如此活潑，自由，好奇。那些是回不來了的，縱使我招呼它，央求它，閉起眼睛想像往昔何嘗不如同今朝這麼確切明白？我知道這並不是真的。那些已經逝去，縱使我都記得，記得詳細。甚至去年十一月的白芒花也枯槁，萎落，而今年間關返鄉路上看到的，裹落細雨裡，不斷為我重複著一些類似的情緒來襲。

說明：

楊牧反覆描寫「白芒花」，引出諸多記憶與思緒。從過去「在山谷，

河床，丘陵上」活潑自由的姿態，到去年「枯槁，萎落」，再到現今「返鄉路上看到的，裒落細雨裡」的白芒花，營造出懷舊傷逝的氛圍，帶出對往事的眷戀、對時光流逝的無奈與哀愁。

情意題最後一段，看似「有完」，其實「未完」。透過意象、提問和畫面結尾，能讓作者自然抒發情感、引發讀者聯想，帶出悠然不盡的「文學餘韻」。同學們可先分項練習，熟悉後，再將這三種方法融會貫通、綜合運用，就能寫出具有「個人獨特記憶點」的結尾段落喔！

此外，在 A+ 範文裡，常見到「首尾呼應」的寫作技巧。同學們要有意識地開頭、結尾，先想好再下筆。我常跟同學們說，準備寫最後一段時，「等一下，先回去重看第一段。」

開頭給出某一特定意象或情境，結尾就要試著以該意象或畫面來延伸、渲染，點出哲思或融入情意，讓文章收尾更漂亮。

佳鑫老師 重點整理

- **意象結尾**：聚焦「象徵物」，以具體物件來昇華情意。

- **提問結尾**：提出內心疑惑，引發讀者感悟和共鳴，流露真情。

- **畫面結尾**：描繪一幅生動的情境畫面，營造「情景交融」的效果。

- **記得首尾呼應**：第一段給出特定意象或情境，結尾時就要進一步延伸或渲染，讓文章收尾更有迴環呼應的美感。

第 9 招　妙筆收尾

有感進步小練習

1. 接續第 8 招，請就你所選的個人故事，從「意象結尾」、「提問結尾」、「畫面結尾」三種方法中，挑選其中一種，寫出一段約 150 字的故事結尾。

2. 若行有餘力，也可就同一故事，嘗試寫出另外兩種結尾。

第10招 一秒 Bingo！情意題最強「4字訣」——畫說找回

相信各位同學讀到這裡，已更能掌握情意題的作文方法了。老師將「段落架構」這一章放在最後，是希望同學們能就前幾章所學，依段落順序，實際帶入應用練習，進而順利組織成篇。

「我真的不知道怎麼寫！」身處高中教學現場第一線，老師非常清楚多數同學們的寫作困境：看到題目，抓頭皺眉，久久無法下筆，只能讓時間無聲流逝。

「考試作文」沒有一定公式，卻有明確的「評分標準」。根據大考中

心公布的國寫評量要點，情意題主要測驗我們「感受抒發」的能力，包含「具體寫出個人實際的生活經驗」、「真誠表達內心的情感」以及「發揮想像力」。

為幫助同學們有效且快速布局，老師整理出一個「最簡單」的情意題寫作架構，同時在各段融入評分的「寫作重點」。**文章結構紮穩了，同學們就能以此為基礎，再進一步做出不同變化。**

為避免同學們上考場緊張、亂了陣腳，老師將此架構再簡化為實用的四字口訣：「畫、說、找、回」。

第 10 招 一秒 Bingo！情意題最強「4字訣」──畫說找回

◆ 四字口訣簡表：畫、說、找、回

段落	口訣	重點說明
第一段	畫	畫開頭，描情境
第二段	說	說故事，要具體
第三段	找	找意義，心的練習
第四段	回	回扣情境，首尾呼應

◆ 情意題架構：分段說明

第一段：畫開頭，描情境

1. 描繪情境

善用「情境營造」開頭，能使文章從一開始就充滿抒情的魅力。例如，寫高中畢旅，開頭就先給出情境：「陽光穿過鳳凰樹紅豔豔的樹梢，灑在

249

亮綠草地上。往前走就是旗津海灘，微風輕拂，暖熱的海水鹹味襲上肌膚，那是屬於盛夏的擁抱。在沙灘排球的尖叫歡呼中，我竟開始感覺不捨⋯⋯」

在第一段營造情境、渲染氛圍，可以幫助你「進入狀態」，同時醞釀讀者的情緒，使其融入故事之中。

2・感官摹寫

• 先找畫面：

第一段的情境，是從「第二段」要寫的故事，先擷取出一個畫面。這個畫面必須生動具體，才能引發讀者共鳴。

• 運用五感：

使用視、聽、嗅、味、觸五種感官來摹寫情境，例如寫登山經歷，可以先從「第二段」擷取出一個「畫面」：「清晨陽光照亮葉尖冷露，映照出圓柏的影子。寧靜山路上，隱約傳來細細的蟲聲與鳥鳴。我踩著溼軟

第 10 招 一秒 Bingo！情意題最強「4字訣」──畫說找回

如糕的土壤前進，一隻紫紅色斑蝶翩翩落在我的左肩。」

第二段：說故事，要具體

1・個人材料包

為避免情意題寫作空洞無感，平時我們就要累積不同類型的「個人」故事或經驗。如：社團、才藝、表演、競賽、專長、興趣等，同學們可複習第一招「個人材料包」的蒐集方法。

譬如你曾擔任過大傳社成發主持人、校慶時在操場表演扯鈴、參加英文辯論比賽、喜歡一個人織圍巾……這些個人化素材平時就要多準備。

• 先寫好：

事先將這些個人經驗，細膩描寫成200－300字的篇幅。因是「事先準備」，你可以好好加入譬喻、轉化、感官摹寫或細節刻劃等技巧，提升文采，製作屬於「自己的」作文濃縮材料包。

考場很現實，就只有90分鐘，要寫好兩大題，大家都一樣。情意題因多半字數不限，老師建議至少要用50分鐘來完成。

先寫好自己的材料放口袋，再依據「題目關鍵字」要求，選擇適合的故事加以改寫、扣題呼應，就能節省臨場思考的時間。因這些經驗都是自己的（只是先寫好，不是瞎掰捏造），在考場上自然游刃有餘，不慌亂不緊張。

2・提升文采

- 口語扣分：

寫故事時，因描述性的句子較多，同學們常會在此暴露「文句口語化」的缺點。過多的口語（譬如句尾常加吧、啦、喔、欸），會讓文句顯得輕浮鬆散，不夠精鍊。

- 練習方法：

第 10 招 一秒 Bingo！情意題最強「4 字訣」——畫說找回

要避免口語化，可透過大量閱讀和觀摩佳作，學習精準細膩的字句表達。這裡老師推薦柯裕棻的散文集《恍惚的慢板》、《甜美的剎那》、《浮生草》、《洪荒三疊》，書中各篇都不長，且多選取生活瑣事抒發感思，遣詞造句細膩生動，非常適合作為情意題的寫作參考。

- 轉譬感：

描繪經驗時，適度使用轉化、譬喻、感官摹寫等手法（口訣：轉譬感），能提升文采亮點。試著賦予物品「人」的動作，或將自己變成某種「物品」的狀態，並使用「……像……」、「……彷彿……」等譬喻句型。

第三段：找意義，心的練習

1. 寫出哲思

在第二段具體的經驗故事之後，「第三段」要區分層次，進一步拉出「哲思」的高度，抒發個人「體悟」。

253

同學們可以試著將第二段的故事，連結到「與生命相關的主題」，例如突破、蛻變、溝通、誤解、遺憾、原諒、錯過、接納、同理等，再進一步說明自己的體會與省思。

2.心的練習

使用「心的……」來練習造句，可帶出詩意與文學的想像。例如，題目是縫隙，可以聯想到「心的縫隙」；題目是冰箱，就可以聯想到「心的冰箱」。由實入虛，營造文章的抒情深度。

例如，題目是「如果我有一座新冰箱」，第二段寫和熱舞社學長爭吵，第三段就能從「心的冰箱」引發聯想：心靈因冷戰而封閉，冰藏的只是怨懟、憤怒和委屈。

最後再引出和解的過程：「和學長冷戰的日子裡，心的冰箱結滿委屈的霜……直到那天我們敞開心扉，破冰談話，冰箱中囤積的誤會逐漸融

第四段：回扣情境，首尾呼應

1・重繪場景

情意題的最後一段，可以再次描繪第一段的情境，利用「意象」來首尾呼應，使文章氛圍連貫，結構更完整，讓讀者感受到前後呼應的美感共鳴。

例如，文章描寫一次與父親在美國划船的經驗，結尾可以重繪此場景，加以抒懷：「如今，當我再次望向湖面的漣漪，心中依然感動莫名。每一圈波紋都帶著柔情與懷念，彷彿訴說著父親對我的關愛。時光荏苒，許多事情都改變了，唯有那片湖水依舊清澈，如心中的一面明鏡，讓我照見真實的自己。」

化，發現那一直珍藏在角落、堅定的革命情感。」

2.再寫一次題目

例如,題目是「縫隙的聯想」,結尾就要再提到「縫隙」一詞;題目是「花草樹木的氣味記憶」,結尾可以再次強調茉莉花、薄荷葉的氣味等。

記得善用「情景交融」的方式作結,讓文章散發美感和餘韻,留給讀者深刻印象。

佳鑫老師 重點整理

情意題四字訣：畫說找回

- **第一段：畫開頭，描情境**

  1. 情境開頭：營造情境，吸引讀者注意，同時幫助自己進入抒情狀態。

  2. 感官摹寫：從故事中先擷取畫面，使用五感描寫，讓情境具體生動。

- **第二段：說故事，要具體**

  1. 個人故事：先準備好各類型的個人故事，節省考試臨場思考的時間。

  2. 避免口語：精準用字、細膩表達，適度搭配修辭，提升文采亮點。

- 第三段：找意義，心的練習

  1. **哲思體悟**：在故事之後，必須寫出個人體悟，提升文章的哲思層次。

  2. **心的練習**：用「心的……」來造句，帶出詩意與文學性。

- 第四段：回扣情境，首尾呼應

  1. **重繪情境**：再次描繪開頭情境，首尾連貫，讓文章結構完整且留下餘韻。

  2. **重寫題目**：再次寫入題目或考點關鍵字，扣題呼應。

第10招　畫說找回

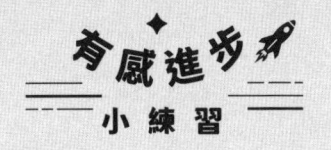

有感進步 小練習

　　請就本單元的「情意題寫作架構表」，參考引導說明文字，寫出 113 年國寫情意題「縫隙的聯想」的各段綱要。

　　根據上文所述，為什麼森林需要縫隙？由此聯想，人生是否也需要縫隙？請以「縫隙的聯想」為題，寫一篇文章，結合生活經驗或見聞，書寫你的感思與體悟。（占 25 分）

試題請見 QR CODE：

第一段（畫）：

第二段（說）：

第三段（找）：

第四段（回）：

輯三 大破解

歷屆考題教你寫

113年解題攻略：貼標籤議題、縫隙的聯想

題目請見 QR Code

第一大題：知性題

請分項回答下列問題：

問題（一）：請依據甲、乙二文，說明「標籤」概念使用於人身上的正面與負面作用。文長限80字以內（至多4行）。（占4分）

問題（二）：日常生活中不乏「貼標籤」或「被貼標籤」的實例，請寫一篇短文，舉例說明你對標籤現象的看法。文長限400字以內（至多19行）。（占21分）

113 年解題攻略：貼標籤議題、縫隙的聯想

問題（一）

針對標籤的正面與負面作用，摘要甲、乙二文訊息，各以兩行篇幅回答。

1. 甲文（標籤的負面作用）：標籤會形成刻板印象，忽略對於個人素質的理解，並對某些人或族群產生偏見。

2. 乙文（標籤的正面作用）：標籤可以形塑個性意識及自我認同，不僅能肯定自己，還能讓他人留下印象，展現個人價值特點。

問題（二）

段一：破題表明自己對於「標籤現象」的看法，是造成正面影響？還是負面後果？或是雙面刃？（本題無須擇一立場，以下就「被貼標籤的負面影響」來示範寫作架構）

段二：分項提出兩到三個理由，使用首先、再者、最後的連接詞，回應你

第一段的論點。例如，若認為被貼標籤會帶來負面影響，可從身心健康、刻板印象、族群對立三面向來說明。

段三：舉出一到兩個實例，回應你第二段的理由。例如，男同學被貼上數理科較強的標籤、新住民被貼上落後無知的標籤等，進一步說明此現象可能造成的負面影響。本段最後可再以「雖然……但我認為……」的反思句型，簡單提及他方觀點（如貼標籤的正面影響），再用「但我認為」來反駁、鞏固自身立場，強化文章思辨深度，同時也展現連貫的思路。

段四：總結全文，再次強調首段論點。也可提出改進的方法或未來期許，增加文章亮點。

[第二大題：情意題]

請回答下列問題：

113 年解題攻略：貼標籤議題、縫隙的聯想

根據上文所述，為什麼森林需要縫隙？由此聯想，人生是否也需要縫隙？請以「縫隙的聯想」為題，寫一篇文章，結合生活經驗或見聞，書寫你的感思與體悟。（占 25 分）

段一：畫面情境開頭，先回應題幹所問，再從第二段要寫的故事，擷取出一個畫面，使用五種感官來摹寫情境。

段二：說一個自己的故事，注意連結引文所述，森林需要縫隙，是要「轉化」為孕育生命的希望「空間」。此段故事即可先聚焦壓力、執著、緊張、嚴格、競爭等面向。善用轉化、譬喻、感官摹寫，關鍵點要刻劃細節，提升文采，讓故事具體生動。

段三：找出這故事帶給你的感思，扣合題目「縫隙」的深層意涵，可從留白、放鬆、釋懷、理解等角度闡發，往心靈層次去聯想，深化個人的體悟。

段四:回扣第一段情境,渲染氛圍,首尾呼應。再次寫入「縫隙」關鍵字,扣緊題旨,帶出省思。

＼★必看★／
學長姐佳作,
請見 QR Code

112年解題攻略：福爾摩斯與華生、花草樹木的氣味記憶

第一大題：知性題

請分項回答下列問題：

問題（一）：根據上文，請說明福爾摩斯認為華生犯了哪兩個「錯誤」？文長限80字以內（至多4行）。（占4分）

問題（二）：從上文對話中約略可以看出福爾摩斯、華生不同的生活態度，請分析二人的差異，並說明你比較傾向哪一種。文長限400字以內（至多19行）。（占21分）

題目請見 QR Code

問題（一）

針對華生犯的兩個「錯誤」，歸納文本訊息，每個「錯誤」用兩行篇幅回答。

1. 錯誤一：價格總額花費較多，去南邊買要十六便士，北邊只需十四便士。
2. 錯誤二：堅持自製三明治，錯失布施行善的機會，無法捐款幫助非洲小孩。

問題（二）

段一：針對考點先回答，比較分析福爾摩斯與華生「生活態度的差異」。
　↓福爾摩斯：重效益、實事求是、觀照全局、較為理性。
　↓華生：有熱忱、堅持理想、勤儉惜食、較為感性。

段二：從兩種生活態度中「選一種」，表明自己較傾向何者，並分項說明原因。

段三：舉出相關個人實例或所見所聞，結合所選的生活態度，進一步深入闡發。

段四：總結前文，再次申明自己傾向的生活態度。

第二大題：情意題

請回答下列問題：

生活中充斥各種氣味。氣味透過嗅覺傳遞，喚起人們的記憶和感受，一如文中龍眼樹甜熟的氣味喚起作者的童年記憶。請以「花草樹木的氣味記憶」為題，寫一篇文章，書寫你熟悉的花草樹木的氣味，及其所召喚的記憶和感受。（占25分）

段一：畫面情境開頭，由氣味觸發記憶，從第二段故事先擷取出一個畫面，並具體點出是哪一種「花草樹木」的氣味。（如：芒果樹、百合、

段一：說一個自己與「花草樹木氣味」有關的回憶，聚焦「氣味印象」，九層塔、薄荷、玫瑰、桂花、玉蘭花……）

段二：結合生活細節，善用轉化、譬喻、感官摹寫，提升文采，讓故事具體生動。

段三：找出此記憶帶給你的感受與省思，從心靈角度去聯想發揮，切入生命相關的議題，轉出更高的體悟。

段四：回扣首段情境，再次召喚所寫花草樹木的「氣味」，渲染氛圍，讓讀者感受到前後呼應的美感共鳴。

＼★必看★／
學長姐佳作，
請見 QR Code

111年解題攻略：樂齡出遊、當我打開課本

題目請見 QR Code

第一大題：知性題

請分項回答下列問題：

問題（一）：臺灣與丹麥的樂齡活動案例，都有堅定的推動者。請分析上文所述兩件案例，活動內容的關鍵差異是什麼？用意有何不同？文長限80字以內（至多4行）。（占4分）

問題（二）：如果要帶長者在臺灣進行樂齡之旅，一定有許多待注意事項。請以「樂齡出遊」為題，寫一篇短文，說明樂齡出遊

問題（一）

針對樂齡活動的「內容」與「用意」，從引文中各自擷取訊息，找出差異。

文長限400字以內（至多19行）。（占21分）

的意義，並思考如何照顧到長者在生理與情感上的需求。

1. 活動內容的關鍵差異：不老騎士計畫讓老人自行騎機車環島，樂齡卡打車則由志工騎三輪車載老人兜風。
2. 用意：前者讓老人從不同生命經驗的交流中，豐富彼此視野；後者則讓老人在回憶之地，重拾生活樂趣。

問題（二）

段一：先明確指出樂齡出遊的「意義」，如：探索世界、緬懷故鄉、結交

朋友、完成未竟理想、與子女深度交流等。

段二：「首先，從生理的照顧來看⋯⋯」可從體力不佳、行動不便、行程住宿、醫療藥品、適度休息等角度舉例，具體說明。

段三：「再者，從情感的需求來說⋯⋯」可從自我尊嚴、生命價值、體貼互動、同理陪伴、傾聽包容等面向舉例，深入闡述。

段四：總結樂齡出遊的深層涵義，可簡要提出具體方案或未來願景。

第二大題：情意題

請回答下列問題：

如上文所述，若能從不同角度切入課本，進入知識的想像，或許可以讓課本帶領我們經歷驚奇的旅程。請以「當我打開課本」為題，寫一篇文章，敘述任一學科課本對你的意義，書寫你探索課本內容、知識的經驗與體會。（占25分）

段一：畫面情境開頭，具體點出選擇「哪一科課本」，就自己熟悉的科目，描繪一個具體生動的情境。

段二：說一個自己探索課本內容的故事，可從「學科本質」來聯想，就該科目細節具體舉例敘述，並善用轉化、譬喻、感官摹寫，讓探索的經驗更生動，寫出想像力。如引文提示：物理課發現萬物運行的迷人、生物課帶領我們進入細胞核遊歷、外語課讓我們聽見世界不同的文化、國文課詩中情境讓人神遊於現實之外……

段三：找出探索該科課本的體會，拉高到「心靈」與「生命」層次，從「不同角度」提出學習該科的獨特意義，深化情意與哲思。

段四：回扣第一段描繪的情境，再次渲染氛圍，呼應該科課本為你帶來何種驚奇的知識探索旅程。

＼★必看★／
學長姐佳作，
請見 QR Code

110年解題攻略：經驗機器、如果我有一座新冰箱

題目請見
QR Code

第一大題：知性題

請分項回答下列問題：

問題（一）：依據上文，請說明電影裡的「忘情診所」和「健忘村」，在刪除部分記憶的劇情上有何差異？文長限80字以內（至多4行）。（占4分）

問題（二）：假設「經驗機器」存在並且運作穩定，可以讓人享受虛擬的「幸福人生」，你認為將對人類產生什麼影響？權衡利

弊，你會支持開放這樣的機器上市嗎？請闡明自己的意見。文長限400字以內（至多19行）。（占21分）

問題（一）

針對「刪除部分記憶的劇情」，從引文中各自擷取「忘情診所」和「健忘村」的相關說明，找出差異。

1. 忘情診所：使用電腦清除系統，且男女主角皆主動要求洗去記憶。
2. 健忘村：村長為了一己私利，利用忘憂神器，引誘村人刪除部分記憶。

問題（二）

段一：破題擇一立場，對於「經驗機器」的上市，是支持？還是不支持？

段二：分項提出兩到三個理由，使用首先、再者、最後的連接詞，回應你第一段的立場。若是支持方，可從治療創傷、安全探險、修正學習

段三：舉出一到兩個實例，回應你第二段的理由。此段須根據題目要求，進一步權衡「利」、「弊」，從中強化自己的觀點。本段最後可再以「雖然……但我認為……」的反思句型，扼要提及另一方觀點，再用「但我認為」來鞏固自身立場，強化文章思辨深度，同時也展現連貫的思路。

段四：總結全文，就所選立場，指出「經驗機器」對人類社會可能帶來的「影響」。

第二大題：情意題

請回答下列問題：

冰箱可以很滿，可以很空，當你打開冰箱，通常想尋找什麼？又看

見什麼？假如有一座屬於你的新冰箱,你會有怎樣的想像?冰藏什麼(虛實皆可)會符合你所期待的美好生活?請以「如果我有一座新冰箱」為題,撰文一篇,文長不限。(占25分)

段一:畫面情境開頭,從第二段要寫的故事,先擷取出一個畫面,使用五種感官來摹寫。

段二:說一個自己的故事,可從實體、具象的事物來入手,善用轉化、譬喻、感官摹寫,刻劃關鍵細節,提升文采,讓故事具體生動,所冰藏之物應著重其存在的意義。

段三:找出故事如何導向「對美好生活的期待」,進一步就冰藏的事物,馳騁個人想像,抒發抽象情感與哲思。如…童年的懷念、愛情的憧憬、親情的溫暖、友情的支持、理想的美好等。

段四:回扣第一段情境,渲染氣圍,再寫一次題目,讓文章扣題,前後呼應。

＼★必看★／
學長姐佳作，
請見 QR Code

109年解題攻略：玩物喪志或養志、靜夜情懷

題目請見 QR Code

第一大題：知性題

請分項回答下列問題：

問題（一）：請依據上文，說明積木誕生的背景因素。文長限80字以內（至多4行）。（占4分）

問題（二）：玩具對你而言，較偏向「玩物喪志」或「玩物養志」？請就你的成長經驗，說明你的看法。文長限400字以內（至多19行）。（占21分）

280

問題（一）

從引文第三段，可依序摘要並歸納積木誕生的背景因素。

1. 啟蒙主義時代，德國人對兒童的教育非常嚴格，引發質疑聲浪。
2. 學習應是快樂而非枯燥，遊戲對孩子不可或缺。
3. 福祿貝爾肯定玩具對孩子的重要性，積木於焉誕生。

問題（二）

段一：破題明確二擇一，指出自己較偏向「玩物喪志」還是「玩物養志」。

段二：分項提出兩到三個理由，使用首先、再者、最後的連接詞，回應你第一段的立場。若選「玩物喪志」者，可從廢寢忘食、心靈空虛、逃避現實、親子關係惡化等角度切入；若選「玩物養志」者，可從激發創意、自我肯定、探索興趣、建立人際互動等面向闡述。

段三：舉自己的「成長經驗」為例，描述玩玩具的過程與體會（請寫出具體的玩具名稱，如沙畫、黏土、桌遊、彈珠、吉他、溜溜球、戰鬥

段四：總結全文，重申對於所選面向的看法。

陀螺、魔術方塊等），回應第二段的理由。再進一步就所選立場（喪志或養志），提出個人對於「玩玩具」的精神內涵思考。本段最後可再以「雖然……但我認為……」的反思句型，扼要提及另一方觀點，再用「但我認為」來鞏固自身立場，強化文章思辨深度，同時也展現連貫的思路。

第二大題：情意題

請回答下列問題：

甲文中，蘇軾面對夜闌風靜，意欲「小舟從此逝」，遠離塵世；乙文中，陳列則從山居中的恬靜，興發「人間是我的根本用情處」的情思，二者顯然不同。請以「靜夜情懷」為題，連結甲文或乙文的體悟，寫一篇文章抒發你對靜夜的體驗及感受。（占25分）

109 年解題攻略：玩物喪志或養志、靜夜情懷

段一：畫面情境開頭，擷取一個「靜夜」畫面，使用五種感官來摹寫。

段二：說一個自己的靜夜體驗，必須明確連結甲文或乙文的體悟（蘇軾：放下牽掛、出世歸隱／陳列：入世紅塵、用情人間），善用轉化、譬喻、感官摹寫，刻劃細節，提升文采。

→若是前者，可寫自己在社團、家庭或人際關係中遭遇到的壓力與糾結，而後抽離、釋懷、放下的經驗。

→若是後者，可寫擔任志工、偏鄉服務、熱衷社團、參與比賽等經驗，強調人間有情、投入生活的美好。

段三：找出此經驗帶給你的感受與省思，必須扣合題目「遠離塵世」或「用情人間」的體悟，從心靈層次去聯想發揮，深化意境。

段四：回扣第一段描繪的情境，渲染靜夜氛圍，首尾呼應。

＼★必看★／
學長姐佳作，
請見 QR Code

108年解題攻略：含糖飲料、溫暖的心

題目請見 QR Code

第一大題：知性題

請分項回答下列問題。

問題（一）：國民健康署若欲針對18歲（含）以下的學生進行減糖宣導，請依據圖1、圖2具體說明哪一群體（須註明性別）應列為最優先宣導對象？理由為何？文長限80字以內（至多4行）。（占4分）

問題（二）：讀完以上材料，對於「中、小學校園禁止含糖飲料」，你

108 年解題攻略：含糖飲料、溫暖的心

問題（一）

根據兩張圖表的頻率、次數，具體「寫出數字」，再簡要統整成文字說明。

1. 「國中男生」應為優先宣導對象。
2. 根據圖1，他們每週至少喝一次含糖飲料的比例約是九成六。根據圖2，他們每週平均喝九次含糖飲料，頻率高居所有年齡與性別之冠。

問題（二）

段一：破題擇一立場，對於「中、小學校園禁止含糖飲料」，是贊成？還是反對？

贊成或反對？請撰寫一篇短文，提出你的看法與論述。文長限400字以內（至多19行）。（占21分）

段二：分項提出兩到三個理由，使用首先、再者、最後的連接詞，回應你第一段的立場。若是贊成方，可從身體健康、校園管理、家長擔憂等角度切入；若是反對方，可從糖分攝取優點、尊重生理差異、個人選擇自由等面向闡述。

段三：舉出一到兩個實例，回應你第二段的理由，並論述自己對此議題的看法。本段最後可再以「雖然……但我認為……」的反思句型，扼要提及另一方觀點，再用「但我認為」來鞏固自身立場，強化文章思辨深度，同時也展現連貫的思路。

段四：總結全文，重申所選立場，簡要提出可能的解決方案。

第二大題：情意題

閱讀甲、乙二文，分項回答下列問題。

問題（一）：請依據甲、乙二文，分別說明陶潛對於人子、外公對於阿

問題（一）

1. 陶潛對人子表現愛屋及烏之心，因僕役也是父母的孩子，他的父母也會像自己疼愛兒子一樣疼愛僕役，因此要同理善待。

2. 外公明白阿啟伯家中人口眾多，生活困苦，不得已才偷瓜。為保護阿啟伯的自尊，外公刻意避開不被看見，展現了將心比心的善意。

掌握「將心比心」、「同理心」的題旨，理解原文意涵後，分別說明。

問題（二）

：陶潛或者外公對他人的善意，你可能也曾見聞或經歷過，請以「溫暖的心」為題，寫一篇文章，分享你的經驗及體會。（占18分）

啟伯的善意。文長限120字以內（至多6行）。（占7分）

段一：畫面情境開頭，從第二段要寫的故事或經驗，先擷取出一個畫面，使用五種感官來摹寫。

段二：說一個自己經歷或聽過關於「將心比心」的故事，善用轉化、譬喻、感官摹寫，刻劃細節，提升文采，讓故事具體生動。

段三：找出故事帶給你的體會與思考，扣合題目「溫暖的心」關鍵字，進一步從「同理」的心靈層次去聯想發揮，抒發個人感思。

段四：回扣第一段描繪的情境，融入故事的關鍵畫面或物件，再次渲染氛圍，使文章結構連貫，引發共鳴。

＼★必看★／
學長姐佳作，
請見 QR Code

107年解題攻略：記憶測試實驗、季節的感思

題目請見 QR Code

第一大題：知性題

請分項回答以下問題。

問題（一）：有甲生根據上述的實驗結果主張：「人們比較會記得資訊的儲存位置，而比較不會記得資訊的內容。」請根據上圖，說明甲生為何如此主張。文長限80字以內（至多4行）。（占4分）

問題（二）：二十一世紀資訊量以驚人的速度暴增，有人認為網路資訊

問題（一）

易於取得，會使記憶力與思考力衰退，不利於認知學習；也有人視網際網路為人類的外接大腦記憶體，意味著我們無須記憶大量知識，而可以專注在更重要、更有創造力的事物上。對於以上兩種不同的觀點，請提出你個人的看法，文長限400字以內（至多19行）。（占21分）

須明確算出「記得位置」與「記得內容」兩者的比例，比較高低，再簡要以文字說明。

1. 「記得位置」的比例約在0.47（第一條0.17與第三條0.3數據相加）。
2. 「記得內容」的比例約在0.29（第一條0.17與第二條0.12數據相加）。
3. 「記得位置」的比例高於「記得內容」，故甲生有此主張。

107 年解題攻略：記憶測試實驗、季節的感思

問題（二）

段一：破題表明自己對於「網際網路應用」的看法，是不利於認知學習？或是能讓我們專注在更重要或具創造力的事物上？還是雙面刃？（本題無須擇一立場）

段二：分項提出兩到三個理由，回應你第一段的論點。若選擇前者，使用首先、再者、最後的連接詞，可從獨立思考、深度治學、基礎知識等角度切入；若選擇後者，可從節省時間、創新應用、多元跨域等面向闡述。

段三：舉出一到兩個實例，回應你第二段的理由。可正反分析「網際網路應用」的「利」與「弊」，進一步提出個人對此議題的看法。本段最後可再以「雖然……但我認為……」的反思句型，簡單提及他方觀點，再用「但我認為」來鞏固自身立場，強化文章思辨深度，同時也展現連貫的思路。

291

段四：總結全文，重申自己的觀點。

第二大題：情意題

請閱讀上列詩作，分項回答以下問題。

問題（一）：詩中有聲音的傾聽，有視覺的張望，也有快樂與哭泣。作者描寫春天的美麗新世界，但詩題為何命名為〈天〉？請從詩句中的感官知覺與情感轉變加以說明。文長限120字以內（至多6行）。（占7分）

問題（二）：普魯斯特（Proust, M.）在《追憶逝水年華》中說：「一小時不僅僅是一個小時，它是一只充滿香氣、聲響、念頭和氛圍的花缽」，說明時間的認知與感官知覺及感受有關。楊牧的〈天〉透過感官描寫，傳達季節的感知，請以「季節的感思」為題，寫一篇文章，描寫你對季節的感知經驗，

292

問題（一）

並抒發心中的感受與領會。（占 18 分）

必須由「感官知覺」與「情感轉變」兩面向分析文本，並解釋命題用意。

1. 本詩以小魚游動的聽覺聲音，以及日光閃爍、微風拂柳、野草莓與蜥蜴出現等視覺景象，烘托出春日的美好與盎然生機。

2. 然而，本詩情感最終由快樂轉為憂傷，因為「你」聽見樹葉提早轉黃的聲音，體悟到眼前美景終將由盛而衰的感慨，故詩題命名為「天」。

問題（二）

段一：畫面情境開頭，從第二段要寫的「季節感知經驗」中，先擷取出一個畫面，運用五種感官來摹寫。

段二：說一個與季節有關的經驗，題目強調「感知」，務必善用轉化、譬

段三:找出該經驗帶給你的哲思與領會,扣合題幹說明「時間的認知」,從生命成長到衰亡的思路去發揮,轉出個人體悟,抒發感思。

段四:回扣第一段描繪的情境,再次渲染氛圍,利用「意象」來首尾呼應,使文章連貫,結構完整,營造美感與共鳴。

喻和感官摹寫,細膩刻劃經驗與感受,讓讀者如臨目前。

＼★必看★／
學長姐佳作,
請見 QR Code

特別收錄 獨家！國文學霸「學測 30 週讀書計畫表」

獨家！國文學霸「學測30週讀書計畫表」

特別收錄

進度安排 \ 複習重點 推薦用書	《學霸作文》	《搶分祕笈》	《現時動態》	《老師在線上》
學測占分比	國寫 50%	國綜 50%		
	・分項練習作文技巧 ・破解歷屆國寫題 ・觀摩學長姐佳作 ・建立國寫資料庫	・學測國文總複習 ・必考古文15篇 ・必考A類文白選文 ・形音義、國學常識	・每日寫一組⋯ ・閱讀測驗 ・混合題 ・蒐集作文素材	・每日寫一組⋯ ・閱讀測驗 ・混合題 ・蒐集作文素材

進度安排	《學霸作文》	《搶分祕笈》	《現時動態》	《老師在線上》
6月 第一週	知性：引文資料	燭之武退秦師	教育想像(1)(2)	【食】第一回
6月 第二週	知性：圖表判讀	大同與小康	教育想像(3)(4)	【食】第二回
6月 第三週	知性：精確審題	馮諼客孟嘗君	教育想像(5)(6)	【食】第三回
6月 第四週	知性：立場理由	勸學	幸福哲學(1)(2)	【食】第四回
7月 第一週	知性：論據材料	諫逐客書	幸福哲學(3)(4)	【衣】第一回
7月 第二週	知性：論證邏輯	鴻門宴	幸福哲學(5)(6)	【衣】第二回
7月 第三週	知性：議題分析	出師表	理想生活(1)(2)	【衣】第三回
7月 第四週	知性：意見看法	桃花源記	理想生活(3)(4)	【衣】第四回
8月 第一週	知性：深化思考	師說	理想生活(5)(6)	【住】第一回
8月 第二週	知性：破分例總	虬髯客傳	公共衛生(1)(2)	【住】第二回
8月 第三週	情意：個人材料	岳陽樓記	公共衛生(3)(4)	【住】第三回
8月 第四週	情意：詩人之心	醉翁亭記	公共衛生(5)(6)	【住】第四回
9月 第一週	情意：審題立意	赤壁賦	城鄉願景(1)(2)	【行】第一回
9月 第二週	情意：感官摹寫	項脊軒志	城鄉願景(3)(4)	【行】第二回
9月 第三週	情意：細節刻劃	晚遊六橋待月記	城鄉願景(5)(6)	【行】第三回
9月 第四週	情意：人物描寫	左忠毅公逸事	環境保育(1)(2)	【行】第四回

特別收錄 獨家！國文學霸「學測 30 週讀書計畫表」

月份	週次	主題一	主題二	主題三	主題四
10月	第一週	情意：意象經營	勞山道士	環境保育(3)(4)	【育】第一回
10月	第二週	情意：故事轉折	劉姥姥	環境保育(5)(6)	【育】第二回
10月	第三週	情意：妙筆收尾	勸和論	人文關懷(1)(2)	【育】第三回
10月	第四週	情意：畫說找回	鹿港乘桴記	人文關懷(3)(4)	【育】第四回
11月	第一週	113年解題與演練	詩經選	人文關懷(5)(6)	【樂】第一回
11月	第二週	112年解題與演練	楚辭選	社會正義(1)(2)	【樂】第二回
11月	第三週	111年解題與演練	樂府詩選	社會正義(3)(4)	【樂】第三回
11月	第四週	110年解題與演練	古詩選	社會正義(5)(6)	【樂】第四回
12月	第一週	109年解題與演練	唐宋詩選	性別平等(1)(2)	【食】國寫演練
12月	第二週	108年解題與演練	詞選	性別平等(3)(4)	【衣】國寫演練
12月	第三週	107年解題與演練	曲選	性別平等(5)(6)	【住】國寫演練
12月	第四週	複習作文筆記	重要現代文學與作家	多元文化(1)(2)	【行】國寫演練
1月	第一週	複習作文筆記	學測密技不藏私	多元文化(3)(4)	【育】國寫演練
1月	第二週	上考場前小叮嚀	應用文學霸筆記	多元文化(5)(6)	【樂】國寫演練

附註：

1. 《學霸作文》、《搶分祕笈》、《現時動態》、《老師在線上》可從高一、高二就開始提早使用，基礎打底更穩固。高一另推薦《閱讀成長蛻變》一書。

2. 高二升高三暑假，可再搭配《模模考：國文科學測模考試題本》，全書共10回，剛好依高二升高三模考「冊次進度」跨版本演練，幫助複習1～5冊常考內容。

3. 《模模考》另附歷屆學測大考試題本與詳解，可於10月中左右開始練習（寫考古題很重要，幫助我們熟悉學測題型與出題方向）。

4. 以上「學測讀書計畫表」，可依個人學習狀況或學校進度彈性調整。日日複習，點滴累積，預祝大家旗開得勝，金榜題名！老師幫你加油！

特別收錄　不再後悔：上考場前小叮嚀

特別收錄

不再後悔：上考場前小叮嚀

一、審題

1. 看清題目，把「考點關鍵字」圈起來，注意「問號」，確定都有「點對點」回答到每一個小問題。

2. 知性題第一小題要「掌握題旨」，關鍵字詞與答案線索就在引文中。善用轉折詞和連接詞，進一步用自己的話，完整敘述，清晰表達。

3. 若考圖表判讀，要將「項目名稱」與「數字」具體寫出，再依題目要求，進一步回答問題。

4. 三分鐘審題後，要趕快下筆，把握時間。知性題建議30—35分鐘完成，情意題需

299

5. 五星審題法：主故情聯反 → 主題、故事、情感、聯想、反思。

更多寫作時間，約55—60分鐘作答。

二、立意

1. 知性題要善用「反向思考」或「換位思考」，展現周全的寫作思路。論述中若有「反思」與「舉例」（正反對舉），分數會較高。

2. 情意題一定要有「經驗或見聞」（實）＋「感受與體悟」（虛），文章才能在具體的故事基礎上，往上拉升一層哲思，達到立意深刻。

3. 若真的不知如何下筆，可擴寫題目論點，或化用題幹引文，從文章中去找線索，務必把握時間。

三、取材

1. 快速複習「個人材料包」：自我歷程、審美體驗、人際互動、立場轉換、社會參與。

2. 知性題若問你「個人看法」，可寫出相關見聞、提出新的觀點、設想解決方案。

四、結構

1. 知性題分四段，情意題可以四或五段，頭尾短，中間段篇幅要長。切勿只寫一或兩段，如此難以呈現「章法」。

2. 知性題架構：破題表態→分述理由→舉例說明→總結論點。（破分例總）

3. 情意題架構：破題表態→說故事，要具體→找意義，心的練習→回扣情境，首尾呼應。（畫說找回）

4. 知性題論述時善用：首先、再者、最後，展現條理井然的寫作思路。

3. 知性題的「舉例」，務必要能呼應你的論點或立場。每寫完一段，就再重看一次題目，貼緊題文來回答，避免離題。

4. 知性題必須「舉例」說明，情意題要生動「說故事」，再引出感受與體悟。

5. 複習自己的「象徵物」，扣合題目關鍵字發揮，用「意象」來說故事，賦予文章獨特的記憶亮點。

6. 個人的經驗故事要有「轉折」與「層次」，同時點綴細節，切勿空泛書寫。

5. 知性題「第二小題」，通常限制400字，請盡量寫滿19行，但不能超過21行（超過兩行就會酌扣1分）。

6. 情意題雖字數不限，但要高分，盡量要寫滿整張稿紙（大考中心公布佳作，都有寫到38行）。字句切勿超出稿紙的格子範圍。

7. 文未終篇，沒寫最後一段，或來不及句點收尾，最多只能給到14（B$^+$）。請妥善安排寫作時間，務必作結。

五、文采

1. 知性題應避免口語，請改用較正式的書面語。例如，將「我覺得」改成「我認為」，「還是」改為「仍然」，「所以說」改成「因此」。

2. 知性題文字要清晰，分項列點提出理由，針對題目舉出實例，深入論述你的觀點或意見，最後統整總結。

3. 情意題文字要柔軟，用感官摹寫渲染情境，以修辭與細節刻劃感受經驗，進一步提出哲思體會，再回扣意象或情境首尾呼應。

六、其他

1. 知性題寫第一面，情意題寫第二面，兩大題分開掃描閱卷。若題目要求「分項」作答，請清楚標明問題（一）、問題（二）。
2. 請使用黑色0.5mm的原子筆書寫，不要太細，字體大小約格子八分滿，字跡要清楚端正，頁面保持乾淨。
3. 若有題目（如情意題），請「空四格」後抄題。每一段要記得「空兩格」再開始寫。標點符號不單獨成行。
4. 若使用立可帶塗改，記得「補字」上去，注意手不要抹到未乾的字。寫完留三分鐘重讀全篇，注意標點符號，並檢查是否有漏字或錯字。

5. 鐘響後,先在答題卷上方「簽名欄」中,以正楷簽全名,再翻開試題本。作文中不可出現個人姓名、應試號碼或與答案無關的文字符號。

6. 《學霸作文》就帶你到這裡。閉上眼,深呼吸,肩膀放鬆,給自己一個肯定的微笑,沒問題的。想像自己等一下翻開題本,妙筆生花,斐然成章。老師深深祝福你!加油!

◆ 等第分數對照表

等第	級分	分數
A	A⁺	25～22
A	A	21～18
B	B⁺	17～14
B	B	13～10

◆ 各題等第能力說明

等第	知性的統整判斷	情意的感受抒發
A	能精確掌握題旨，善用各種材料加以拓展發揮，思考深刻，論述明確，結構嚴謹，文辭暢達。	能精確掌握題旨，發揮想像，構思巧妙，體悟深刻，結構完整，情辭動人。
B	大致能掌握題旨，取用相關材料加以論述，內容平實，結構平穩，文辭平順。	大致能掌握題旨，略能發揮想像、抒發情感，結構尚稱完整，文辭平順。
C	5~1	9~6
0	0	0

	C⁺

C	0
敘寫不盡符合題旨，材料運用未盡允當，缺乏己見，結構鬆散，文辭欠通順。	空白卷，或文不對題，或僅抄錄題幹。
敘寫不盡符合題旨，情意浮泛，結構鬆散，文辭欠通順。	空白卷，或文不對題，或僅抄錄題幹。

（資料來源：大學入學考試中心網站）

延伸閱讀

文學練功不藏私

在高中教書，偶爾會聽到同學叫：「老師！那個誰又說自己昨天沒讀書，然後又考九十幾啦！」「老師！那個誰說自己昨天沒讀書，然後又得文學獎啦！」但幾乎沒有聽過：「老師！那個誰說自己昨天沒讀書，然後又得文學獎啦！」

每年閱覽上千篇十七歲作文，深知多數同學們的寫作困境。從用字遣詞、通順造句、經驗取材、段落組織、深化題意，乃至於操作意象或隱喻……不論是學校作文練習，抑或個人進階的文藝創作，書寫能力並非一蹴可幾。以下簡述文學練功三面向，並務實舉例說明，希望提供同學們一點指引。

首先，閱讀文學書報雜誌、觀察生活細節，儲備創作養分。

除了國文課本上經典的現代文學作家，推薦同學們閱讀每年的臺灣詩選、年度散文選與小說選。遇喜愛篇章，可從該作者簡介尋書，繼續讀下去。而若有意投稿文學獎，可閱讀臺積電青年學生文學獎、林榮三文學獎等歷屆得獎作品集，同時參閱決審過程與評語，知己知彼。

將三大報副刊（聯合、自由、中時）加到書籤或我的最愛，手機下載 APP，每天至少讀三篇文章。多去圖書館或實體書店，翻《聯合文學》、《幼獅文藝》和《文訊》（喜歡可買下收藏），主動營造文學環境，接軌文壇。

省下手搖飲料錢，看文藝電影，感受光影氛圍、揣摩台詞隱喻。看完電影後 google 影評。另推薦《他們在島嶼寫作》系列紀錄片。

我的高中美術老師說：To find something interesting, you have to look at it long enough. 日常生活中，練習以「顯微鏡」倍率「刻意觀察」所見所聞。不論蹲在操場旁，或躲在補習班樓梯右方，凝視眼前人物景象，動靜皆可，用 messenger 或 IG 記下至少五

延伸閱讀 文學練功不藏私

個句子,分別為視、聽、嗅、味、觸五種感官摹寫,讓文字從2D變3D。若當下缺乏某感官經驗,可用想像力補足。

第二,涵養抒情力、強化思辨力,賦予文章感發的能量。

青春期內建的「傷春悲秋」是很好的感觸小練習,枯樹失眠、水龍頭流淚、黑板蒼老霧白的臉。寄人情於物象,再以此烘托渲染,拉長句子,營造抒情的氛圍情境。文學世界,萬物有情,可練習用「心的……」來構詞造句,虛實互轉,如心的保溫瓶、心的法國號、心的游泳池,再藉此物訴說自己的故事。

先別完美主義一次到位,將所有飛旋的靈光以「加法」羅列,再用「減法」剔除無關或次要者,最後以詩意的「乘法」組織成文。何謂詩意的乘法?易言之,即不斷拋問「為什麼」,拓展思辨深度:為什麼要這樣寫?其中有何呼應連結?從側面或反面斟酌推敲,還能見出怎樣的哲思景深?像剝洋蔥,一層一層卸下表象,向核心處進攻追問。

準備靈感筆記本,A4薄本便宜款即可,摘錄平時讀到的實例,包括事例、言例或文

章獨特記憶點等，藉此觸發「自身」相關經驗，避免浮泛寫作。佳句可摘錄具思考性、有想像力、使用修辭美化、具有豐富摹寫與「細節刻劃」的句子。發現陌生詞彙或成語時，先查字典了解意涵，一併記下，充實寫作字彙庫。

最後，**實際花時間寫作，鍛鍊書寫能力與文學表達技巧。**

坐而言不如起而行，落字為文才算數。平時勤練，如每晚小日記，規定自己三百字，只聚焦今日一事，文末練習為此事設計一個帶有象徵或寓意的結尾。

以下分享「小詩」創作方法，可鍛鍊基礎的「文學式表達」（亦可小組討論，苦／甜可置換任一感官體會）：

1. 想出 2 組苦和甜的「具體物象」。ex. 苦瓜／甜甜圈、中藥／205 陳同學⋯⋯
2. 想出 2 組苦和甜的「情緒感受」。ex. 孤單／興奮、憂鬱／害羞⋯⋯
3. 試著將以上的具象名詞與抽象感受（可正可反），結合成一至五行的小詩，並從中理出自己的解讀邏輯。

延伸閱讀 文學練功不藏私

老師示範作：「孤單的甜甜圈只能擁抱空虛的暗戀。」孤單、空虛是偏苦的情緒，甜甜圈和暗戀則偏甜；善用甜甜圈「中空」的物象特徵，造出暗戀中甜苦兼融、虛實並具的詩句。

另外，建議大家手邊要有「紙本」字典，無事常翻閱，識字之外也能培養語感。寫作時若斟酌字詞的音韻，字典後附有「注音符號檢字表」，亦可供選字參考。

詩文完成後，需沉澱數日或數週，再看時可印出紙本，以評審的嚴格眼光自我檢視：為何用這個動詞？形容詞太多太輕易了？情境的畫質、音質、細節度夠嗎？是否有其他雜訊干擾？用鉛筆畫線註記，反覆琢磨，亦可與同儕切磋，以求精進。

311

國家圖書館出版品預行編目(CIP)資料

學霸作文：建中臺大高材生，教你學測國寫拿A+/ 詹佳鑫著.
-- 初版. -- 臺北市：遠流出版事業股份有限公司, 2024.10
面； 公分

ISBN 978-626-361-879-4(平裝)

1.CST: 漢語教學 2.CST: 作文 3.CST: 寫作法 4.CST: 中等教育

524.313 113012812

學霸作文：建中臺大高材生，教你學測國寫拿 A+

作　　　者｜詹佳鑫

副 總 編 輯｜陳瓊如
校　　　對｜魏秋綢
封 面 設 計｜謝捲子@誠美作
內 頁 排 版｜陳芊樺
特 約 行 銷｜林芳如

發 　行 　人｜王榮文
出 版 發 行｜遠流出版事業股份有限公司
地　　　址｜104005 台北市中山北路一段 11 號 13 樓
客 服 電 話｜02-2571-0297
傳　　　真｜02-2571-0197
郵　　　撥｜0189456-1
著作權顧問｜蕭雄淋律師
初 版 一 刷｜2024 年 10 月 01 日
初 版 九 刷｜2025 年 09 月 18 日
Ｉ Ｓ Ｂ Ｎ｜978-626-361-879-4
定　　　價｜新台幣 400 元

有著作權・侵害必究 Printed in Taiwan
（如有缺頁或破損，請寄回更換）

遠流博識網
http://www.ylib.com
Email: ylib@ylib.com